Ingolf Pernice
Das Verhältnis europäischer zu nationalen Gerichten im europäischen Verfassungsverbund

Schriftenreihe
der
Juristischen Gesellschaft zu Berlin

Heft 180

De Gruyter Recht · Berlin

Das Verhältnis europäischer zu nationalen Gerichten im europäischen Verfassungsverbund

Von
Ingolf Pernice

Vortrag,
gehalten vor der
Juristischen Gesellschaft zu Berlin
am 14. Dezember 2005

W
DE
G
RECHT

De Gruyter Recht · Berlin

Professor Dr. *Ingolf Pernice,*
Juristische Fakultät der Humboldt-Universität zu Berlin,
Lehrstuhl für öffentliches Recht, Völker- und Europarecht

Gedruckt auf säurefreiem Papier,
das die US-ANSI-Norm über Haltbarkeit erfüllt.

ISBN-13: 978-3-89949-379-5
ISBN-10: 3-89949-379-6

Bibliografische Information der Deutschen Nationalbibliothek

Die Deutsche Nationalbibliothek verzeichnet diese Publikation in der Deutschen
Nationalbibliografie; detaillierte bibliografische Daten sind im Internet über
http://dnb.d-nb.de abrufbar.

Printed in Germany

Satz: DTP Johanna Boy, Brennberg
Druck: Druckerei Gerike GmbH, Berlin
Buchbinderische Verarbeitung: Industriebuchbinderei Fuhrmann GmbH & Co. KG, Berlin

Inhalt

I. Einleitung

Das Verhältnis des Europäischen Gerichtshofs (EuGH) und des Gerichts erster Instanz (EuG) zu den nationalen Gerichten ist ein nahezu unerschöpfliches Thema, juristisch und rechtspolitisch.[1] Vielleicht mehr noch als andere Gebiete des Europarechts bietet dieses Verhältnis Gelegenheit, sich angesichts immer neuer Entwicklungen über die Gestalt des Europäischen Verfassungsverbundes[2] zu vergewissern, hier unter dem Aspekt des Justizverbundes. Die Art und Weise, wie europäische und nationale Rechtsprechung sich zueinander verhalten – kooperativ, konfrontativ oder in kritischer Distanz – lässt Rückschlüsse auf den erreichten Integrationsstand, auf das Verhältnis von nationalem zu europäischem (Verfassungs-)

---

1 Aus der umfangreichen Literatur *M. Zuleeg*, Die Europäische Gemeinschaft als Rechtsgemeinschaft, NJW 1994, S. 545 ff.; *G. Hirsch*, Europäischer Gerichtshof und Bundesverfassungsgericht – Kooperation oder Konfrontation?, NJW 1996, S. 2457 ff., *ders.* Der EuGH im Spannungsverhältnis zwischen Gemeinschaftsrecht und nationalem Recht, NJW 2000, S. 1817 ff.; *I. Pernice*, Die Dritte Gewalt im Europäischen Verfassungsverbund, EuR 1996, S. 27 ff.; *A.-M. Slaughter/A. Stone Sweet/J. H. H. Weiler* (Hrsg.), The European Courts and National Courts, 1998; *G. C. Rodríguez Iglesias*, Der EuGH und die Gerichte der Mitgliedstaaten – Komponenten der richterlichen Gewalt in der Europäischen Union, NJW 2000, S. 1889 ff.; *F. C. Mayer*, Kompetenzüberschreitung und Letztentscheidung, 2000; *ders.*, Europäische Verfassungsgerichtsbarkeit. Gerichtliche Letztentscheidung im europäischen Mehrebenensystem, in: A. v. Bogdandy (Hrsg.), Europäisches Verfassungsrecht, 2003, S. 229 ff., und The European Constitution and the Courts, in: A. v. Bogdandy/J. Bast (Hrsg.), Principles of European Constitutional Law, 2006, S. 281 ff.; *C. Tomuschat*, Das Bundesverfassungsgericht im Kreise anderer nationaler Verfassungsgerichte, in: FS 50 Jahre Bundesverfassungsgericht, 2001, S. 245 ff.; *M. v. Unger*, „So lange" nicht mehr: Das BVerfG behauptet die normative Freiheit des deutschen Rechts, NVwZ 2005, S. 1266 ff. S. auch *K. Alter*, Establishing the Supremacy of European Law, 2001 und *M. Claes*, The National Courts' Mandate in the European Constitution, 2006.

2 Grundlegend: *I. Pernice*, Bestandssicherung der Verfassungen: Verfassungsrechtliche Mechanismen zur Wahrung der Verfassungsordnung, in: R. Bieber/P. Widmer (Hrsg.), L'espace constitutionnel européen. Der europäische Verfassungsraum. The European constitutional area, 1995, S. 225 (261 ff.), sowie *ders.*, Die Dritte Gewalt (Fn. 1), S. 27 ff., englisch: *ders.*, Multilevel Constitutionalism and the Treaty of Amsterdam: European Constitution-Making Revisited, CMLRev. 36 (1999), 703 ff., auch im Internet abrufbar unter www.whi-berlin.de/pernice-cmlrev.htm. Zur Rezeption und Kritik des Ansatzes s. die Nachw. bei *ders.* in: H. Dreier (Hrsg.), Grundgesetz Kommentar, Bd. II, 2. Aufl. 2006, Art. 23 Rn. 17 mit Fn. 104 (i.E.). Fortentwickelt jetzt: *ders.*, Die horizontale Dimension des europäischen Verfassungsverbundes – Europäische Justizpolitik im Lichte von Pupino und Darkazanli, in: FS Jürgen Meyer, 2006, S. 359 (369 ff.).

Recht und auf die Natur der Europäischen Union selbst zu. Die neuere Rechtsprechung einiger nationaler Verfassungsgerichte und des EuGH, aber auch die gegenwärtige verfassungspolitische Lage der Union bieten reichlich Anlass, das Thema erneut aufzugreifen.

1. Die Verfassung für Europa in der Krise

Europa befindet sich in einer tiefen Krise. Es ist nicht nur eine politische Krise, sondern eine „Bewusstseinskrise": Ziel des „Post-Nizza"-Prozesses war und ist es nach der Erklärung Nr. 23 der Regierungskonferenz von Nizza (2000) „zur Zukunft der Europäischen Union", die Abgrenzung der Kompetenzen der EU im Sinne des Subsidiaritätsprinzips zu schärfen, den rechtlichen Status der Charta der Grundrechte zu klären, das Primärrecht der Union dem Bürger verständlicher machen und die Rolle der nationalen Parlamente in der Architektur Europas zu stärken. Wörtlich heißt es unmittelbar nach der Festlegung dieser vier Prioritäten:

> „Durch diese Themenstellung erkennt die Konferenz an, dass die demokratische Legitimation und die Transparenz der Union und ihrer Organe verbessert und dauerhaft gesichert werden müssen, um diese den Bürgern der Mitgliedstaaten näher zu bringen."[3]

Am 29. Oktober 2004 haben die Regierungen den von einem eigens hierzu einberufenen Konvent ausgearbeiteten und von einer weiteren Regierungskonferenz vollendeten Text eines Vertrags über eine Verfassung für Europa unterzeichnet,[4] der einen bedeutenden Schritt zur Verwirklichung dieser

---

3 Schlussakte der Konferenz der Vertreter der Regierungen der Mitgliedstaaten, die am 14. Februar 2000 einberufen worden war, ABl. 2001 C 80 v. 10.3.2001, S. 1 ff., im Internet abrufbar unter http://europa.eu.int/eur-lex/de/treaties/dat/ C 2001080DE.007001.html.

4 Der Text ist veröffentlicht im ABl. 2004 C 310 v. 16.12.2004 S. 1 ff., http:// eur-lex.europa.eu/JOHtml.do?textfield2=310&year=2004&Submit=Suche&serie=C. S. zur Kommentierung bereits: *C. Berg/G. K. Kampfer* (Hrsg.), Verfassung für Europa. Der Taschenkommentar für Bürgerinnen und Bürger, 2. Aufl. 2005; *T. v. Danwitz/J. Rossetto* (Hrsg.), Eine Verfassung für die Europäische Union, 2004; *W. Weidenfeld* (Hrsg.), Die Europäische Verfassung in der Analyse, 2005; *L. Bourgogue-Larsen/A. Levade/F. Picot*, La Constitution Européenne expliquée au citoyen, 2005; *M. Möstl*, Verfassung für Europa, Einführung und Kommentierung mit vollständigem Vertragstext, 2005; *V. Constantinesco/Y. Gautier/V. Michel* (ed.), Le Traité établissant une Constitution pour l'Europe. Analyses et commentaires, 2005; *K. Beckmann/J. Dieringer/U. Hufeld* (Hrsg.): Eine Verfassung für Europa, 2. Aufl. 2005. *W. Weidenfeld*, Die Europäische Verfassung verstehen, 2006; *C. Callies/M. Ruffert* (Hrsg.), Verfassung der Europäischen Union. Kommentar der Grundlagenbestimmungen (Teil I), 2006.

Ziele darstellt.[5] Dennoch haben die Bürgerinnen und Bürger von zwei Gründerstaaten – Frankreich und die Niederlande – ihre Zustimmung verweigert. In zwei anderen Mitgliedstaaten – Spanien und Luxemburg – waren die Referenden dagegen erfolgreich, in dreizehn weiteren Mitgliedstaaten liegt die parlamentarische Zustimmung vor.[6] Bei vielen Menschen aber, auch in Deutschland, droht die generelle Begeisterung für Europa in eine kritisch distanzierte Haltung umzuschlagen.

Über Bedeutung und Konsequenzen der Referenden bestehen erhebliche Meinungsverschiedenheiten.[7] So werden Referenden teilweise prinzipiell als der falsche Weg angesehen, um komplexe europäische Fragen zu klären. Andere sehen den Grund der Ablehnung in der Länge und Komplexität des konkret vorgelegten Verfassungstextes, wieder andere eher in tatsächlichen oder vermeintlichen inhaltlichen Defiziten. Einige wie *Jean-Claude Juncker* bei seiner „Humboldt-Rede" 2005 in Berlin,[8] sagen, das Wort Verfassung schrecke ab, weil es den europäischen Staat impliziere. Der Begriff sei deshalb im europäischen Kontext nicht passend. Vielfach und sicher nicht zu Unrecht wird schließlich vertreten, ausschlaggebend seien sachfremde, jeweils innenpolitische Gründe des betreffenden Landes gewesen.

Wir sollten die von den Staats- und Regierungschefs auf dem Brüsseler Gipfel von 2005 verordnete Reflexionsphase dafür nutzen, erneut über die Bedeutung der Europäischen Union und die mit ihr verfolgten Ziele zu reflektieren. Es geht vor allem darum, uns zu vergewissern, was diese

---

5 Vgl. näher *T. v. Danwitz/J. Rossetto* (Hrsg.), Eine Verfassung für die Europäische Union, 2004; *T. Oppermann*, Eine Verfassung für die Europäische Union, DVBl. 2003, 1165 ff., 1234 ff. (1245); *J. Wuermeling*: Mehr Kraft zum Konflikt. Sieben Anmerkungen zur Zukunft des Europäischen Parlaments nach dem Verfassungsvertrag, EuGRZ 2004, S. 559 (561 f.); s. auch *I. Pernice*, A Constitution for Europe. Amendments and Legal make-up to the Convention's Draft, in: Ingolf Pernice/Jiří Zemanek (eds.), A Constitution for Europe: The IGC, the Ratification Process and Beyond, European Constitutional Law Network-Series, Vol. 5, 2005, S. 33 ff.

6 S. die Übersicht über den Stand der Ratifikation: http://europa.eu.int/constitution/ratification_en.htm.

7 Vgl. hierzu *J. Wuermeling*, Die Tragische: Zum weiteren Schicksal der EU-Verfassung, ZRP 2005, S. 149 ff; *B. Thalmaier*, Die Zukunft des Verfassungsvertrages, CAP Analyse November 2005, http://www.cap-lmu.de/download/CAP-Analyse-2005-02.pdf, S. 6 ff. S. auch Heft Nr. 3 der European Constitutional Law Review, 2005, S. 412 ff. unter dem Titel „Rethinking EU Scholarship".

8 *J.-C. Juncker*, Die Denkpause nutzen: Strategien zur Verfassung für Europa, http://www.rewi.hu-berlin.de/WHI/deutsch/hre/hre9/Humboldt-Rede_zu_Europa_von_Jean-Claude_Juncker.pdf.

Union den Bürgerinnen und Bürgern in Europa nützen kann und was jeder in und mit seinem Heimatland dafür zu geben bereit ist.[9]

Auch in dieser neuen verfassungspolitischen Debatte zu Europa könnte das Bundesverfassungsgericht wieder den rechtlichen Rahmen setzen, und dabei zumindest implizit auch das Verhältnis zu den europäischen Gerichten ansprechen: Der Abgeordnete *Peter Gauweiler* möchte im Organstreit und mit einer Verfassungsbeschwerde den im Oktober 2004 in Rom unterzeichneten Vertrag über eine Verfassung für Europa zu Fall bringen. Immerhin hat er es geschafft, die Ausfertigung des Zustimmungs- und Begleitgesetzes zum Vertrag sowie die Hinterlegung der Ratifikationsurkunde durch Deutschland vorerst zu verhindern. Wann das Gericht über das Zustimmungsgesetz entscheiden wird, ist ungewiss – ein Urteil wird sicher aber nicht vor Ende des Jahres 2006 ergehen.[10]

Die Relevanz des Verfahrens mag wegen der negativen Voten Frankreichs und der Niederlande gering erscheinen. Sollte es aber gelingen, die Argumente und Ängste *Gauweilers* in ihrer Zuspitzung durch eine nüchterne Analyse in einem ausgewogenen Urteil aus dem Wege zu räumen, so könnte das Bundesverfassungsgericht sogar einen wichtigen positiven Beitrag zum Prozess der Verfassungsgebung in Europa leisten. Dies wäre gerade im ersten Halbjahr 2007, wenn Deutschland die Ratspräsidentschaft inne hat und sich um Fortschritte im Verfassungsprozess bemühen will,[11] von großem Nutzen für das Verständnis der Union und ihrer Verfassung in Deutschland und europaweit.

---

9 Ähnl. auch das Ansinnen der Kommission mit dem „Plan D für Demokratie, Dialog und Diskussion", http://europa.eu.int/germany/pdf/Plan_D_DE_KOM_13102005.pdf.

10 Vom Bundesverfassungsgericht wird derzeit eine Entscheidung in der Rechtssache 2 BvR 839/05 im Winter 2006/2007 angestrebt, s. die Übersicht unter http://www.bverfg.de/organisation/erledigungen_2006.html.

11 In diesem Sinne schon das Wort des Bundespräsidenten *H. Köhler* in einer Rede vom 28. März 2006 nach dem Treffen von sieben Staats- und Regierungschefs der EU in Dresden: „Wir stimmten in Dresden darin überein, dass das Projekt Europa weiter gehen muss und die Inhalte des Europäischen Verfassungsvertrages gut und richtig sind." (http://www.bundespraesident.de). Vgl. auch Bundeskanzlerin *A. Merkel* in ihrer Regierungserklärung vom 11. Mai 2006: „Ich sage: Wir brauchen den Verfassungsvertrag", damit Europa handlungsfähig bleibe. Allerdings sei sie angesichts der unterschiedlichen Interessen und, weil das Thema so schwierig sei, gegen einen Schnellschuss, um nicht in eine Sackgasse zu geraten (http://www.bundeskanzlerin.de/bk/root,did=48288.html). Anlässlich ihres Antrittsbesuchs in Paris am 23. November 2005 sprach sie sich aber ausdrücklich dafür aus, nach der Denkpause weiter für die vollständige Verfassung einzutreten (http://www.bundeskanzlerin.de/bk/root,did=46654.html).

2. Das Verhältnis der Verfassungen und der Gerichte zueinander

Mitentscheidend für mögliche Fortschritte auch bei der Ratifikation des Vertrags über eine Verfassung für Europa wird die Frage nach dem Verhältnis der Verfassungen der Mitgliedstaaten zum Recht der Europäischen Union und als Konsequenz daraus die Frage nach dem Verhältnis der europäischen Gerichte zu den nationalen Gerichten sein. Trotz vordergründiger Gemeinsamkeiten lassen sich im Vergleich deutliche Unterschiede in der Bewertung dieses Verhältnisses durch die Gerichte der verschiedenen Mitgliedstaaten feststellen. Möglicherweise sind sie mit den unterschiedlichen verfassungsrechtlichen Voraussetzungen in den einzelnen Mitgliedstaaten zu erklären. Gemeinsame Grundlage indessen ist für alle – Gerichte wie Politiker –, dass ein europäischer Bundesstaat, in dem die Mitgliedstaaten als Staaten aufgehen oder dessen Recht zumindest untergeordnet sind, das Ziel nicht ist und nicht sein kann.[12]

Der Blick auf das Grundgesetz als Beispiel hilft zu verstehen, wo die Unterschiede liegen: Im Bundesstaat Deutschland bricht Bundesrecht Landesrecht (Art. 31 GG). Die Bundesverfassung, das Grundgesetz also, steht an der Spitze der Normenhierarchie.[13] Nach Art. 93 Abs. 1 Nr. 2 GG erklärt das Bundesverfassungsgericht Landesgesetze, die dem Grundgesetz oder anderem Bundesrecht widersprechen, für nichtig. Bundesgerichte heben die Urteile der Landesgerichte auf. Die Länder sind dem Bund untergeordnet. Kommen sie ihren föderalen Pflichten nicht nach, kann nach Art. 37 GG Bundeszwang ausgeübt werden. Und all dies gilt unumstritten, obwohl die Länder nach allgemeiner Auffassung originäre Staaten sind,[14] trotz ihrer Verfassungsautonomie, die sie jedenfalls in den Grenzen der Homogenitätsklausel des Art. 28 Abs. 1 GG genießen.

Eine solche Hierarchie der Ebenen politischer Verantwortung und Zuständigkeit gibt es in der Europäischen Union nicht, weder nach geltendem Recht noch nach den neuen Bestimmungen des Vertrags über eine Verfassung für Europa. Der EuGH hat in ständiger Rechtsprechung seit dem Urteil Costa/ENEL von 1964 nur einen Anwendungsvorrang und keinen Gültigkeitsvorrang des europäischen Rechts postuliert, was die Mitgliedstaaten jetzt durch Art. I-6 VVE und eine Erklärung dazu in

---

12 Vgl. näher: *I. Pernice*, Zur Finalität Europas, in: G. F. Schuppert/I. Pernice/ U. Haltern (Hrsg.), Europawissenschaft, 2005, S. 743 ff.

13 Zum Verhältnis vgl. *U. Sacksofsky*, Landesverfassungen und Grundgesetz, NVwZ 1993, S. 235 ff. Zu Grenzen insbesondere gegenüber dem Landesverfassungsrecht s. *H. Dreier*, in: ders. (Hrsg.), Grundgesetz Kommentar, Bd. II, 1. Aufl. 1998, Art. 31 Rn. 29 f.

14 Vgl. BVerfGE 36, 342 (360 f.); s. auch *T. Maunz*, in: Isensee/Kirchhof (Hrsg.), Handbuch des Staatsrechts, Bd. IV, 2. Aufl. 1999, § 94 Rn. 2 ff.

der Schlussakte bestätigen. Auch das Bundesverfassungsgericht wendet sich zu Recht gegen eine hierarchische Unterordnung des nationalen Rechts unter das europäische Recht. So jedenfalls lässt es sich deuten, wenn es sein Verhältnis zum EuGH als Kooperationsverhältnis bezeichnet,[15] und betont, dass es zuständig bleibe, das Gemeinschaftsrecht unter bestimmten Voraussetzungen für in Deutschland unanwendbar zu erklären.

Was aber bedeutet dies für die Zuordnung der beiden Handlungsebenen zueinander, was genau kann das Bundesverfassungsgericht meinen, wenn es vom Kooperationsverhältnis spricht, wenn seinerseits auch der EuGH auf der Basis der Pflicht zur Gemeinschaftstreue nach Art. 10 EG immer wieder die notwendige Kooperation zwischen europäischen und nationalen Stellen in den Vordergrund rückt?[16] Auf der Basis einiger verfassungstheoretischer Bemerkungen (dazu II.) wird es neben der Erläuterung der Vorrangrechtsprechung des europäischen Gerichtshofs vor allem darum gehen, die dazu ergangene neuere Rechtsprechung der obersten nationalen Gerichte genauer zu betrachten (dazu III.). Die Zusammenschau ermöglicht es abschließend, das Verhältnis der Rechtsebenen und der Gerichte in der Europäischen Union als nicht-hierarchisches, sondern komplementärarbeitsteiliges Verhältnis zu beschreiben, dessen Funktionsgrundlage die freiwillige Achtung des gemeinsamen Rechts durch alle Beteiligten und die gegenseitige Achtung der Gerichte ist (dazu IV.).

---

15 BVerfGE 89, 155 (175) – *Maastricht.*

16 Vgl. etwa EuGHE 1990, I-3365 Rn. 17 ff. – *Zwartfeld;* zuletzt betont sogar im Bereich der dritten Säule der EU, vgl. EuGHE 2005, I-5285 – *Pupino,* Rn. 42: „Die Union könnte ihre Aufgabe kaum erfüllen, wenn der Grundsatz der loyalen Zusammenarbeit, der insbesondere bedeutet, dass die Mitgliedstaaten alle geeigneten Maßnahmen allgemeiner oder besonderer Art zur Erfüllung ihrer Verpflichtungen nach dem Recht der Europäischen Union treffen, nicht auch im Rahmen der polizeilichen und justiziellen Zusammenarbeit in Strafsachen gelten würde, die im Übrigen vollständig auf der Zusammenarbeit zwischen den Mitgliedstaaten und den Organen beruht, wie die Generalanwältin in Nummer 26 ihrer Schlussanträge zutreffend ausgeführt hat." Zum Kooperationsprinzip s. auch *R. Bieber/A. Epiney/M. Haag,* Die Europäische Union. Europarecht und Politik, 6. Aufl. 2005, § 2 Rn. 53 ff., 60 ff.; und schon *I. Pernice,* Einheit und Kooperation: Das Gemeinschaftsrecht im Lichte der Rechtsprechung von EuGH und nationalen Gerichten. Randbemerkungen zu einem ungeklärten Verhältnis, in: GS Grabitz, 1995, S. 523 ff.. S. auch *ders.,* Renewing the Social Contracts, European and National, European Constitutional Law Review 3 (2005), S. 419 f.

II. Verfassungstheoretische Grundlegung

Die Klärung des Verhältnisses von europäischen zu nationalen Gerichten hängt wesentlich vom Verständnis der Qualität und Normativität des europäischen Primärrechts ab. Es soll hier als Verfassungsrecht eingestuft werden (dazu 1.). Dabei ist weithin anerkannt, wenn auch nicht unumstritten, dass der Verfassungsbegriff ebenso einem Wandel unterliegt, wie die Funktion des Staates; er ist an neue Bedingungen und Herausforderungen des politischen Systems anzupassen.[17] Ich gehe daher von einem „postnationalen" Verfassungsbegriff aus (dazu 2.) und möchte das Verhältnis der Rechtsebenen zueinander als Verfassungsverbund beschreiben, in dem die nationale und die europäische Verfassungsebene zwar voneinander zu unterscheiden sind, aber materiellrechtlich und auch funktional eine Einheit bilden (dazu 3.).

1. Das europäische Primärrecht als Verfassungsrecht

Die Verträge zur Gründung und Entwicklung der Europäischen Union wurden als völkerrechtliche Verträge verhandelt und abgeschlossen. Gleichwohl wird im Zusammenhang mit der europäischen Integration schon seit den ersten Schritten von „Verfassung" gesprochen. In seinem Beschluss vom 18. Oktober 1967 bemerkte das Bundesverfassungsgericht zu Verfassungsbeschwerden gegen zwei EG-Verordnungen:

> „Der EWG-Vertrag stellt gewissermaßen die Verfassung dieser Gemeinschaft dar."[18]

Dies entsprach einer bereits verbreiteten Auffassung: Schon die Erläuterungen zum Entwurf des Zustimmungsgesetzes von 1957 stellen fest:

> „Der Vertrag regelt nicht nur wie ein Wirtschafts- und Handelsabkommen Rechte und Pflichten der beteiligten Staaten untereinander ... Der Vertrag ruft vielmehr ein europäisches Gebilde verfassungsrechtlicher Gattung ins Leben. Hoheitsfunktionen auf dem Gebiet der Wirtschaft werden aus der Zuständigkeit der Vertragsstaaten ausgegliedert und der Europäischen Wirtschaftsgemeinschaft übertragen."[19]

---

17 *D. Grimm*, Der Wandel der Staatsaufgaben und die Zukunft der Verfassung, in: ders., Staatsaufgaben, 1994, S. 613 ff. Zu den Grundpositionen der Verfassungsdiskussion vgl. *C. Möllers*, Verfassungsgebende Gewalt – Verfassung – Konstitutionalisierung, in: A. v. Bogdandy, Europäisches Verfassungsrecht, 2003, S. 1 ff.; weitergehend *G. Teubner*, Globale Zivilverfassungen – Alternativen zur staatszentrierten Verfassungstheorie, ZaöRV 63, 2003, S. 1 ff.

18 BVerfGE 22, 293 (296) – *EWG-Verordnungen*.

19 Gesetz v. 27.7.1957 zu den Verträgen vom 25.3.1957 zur Gründung der

Renommierte Juristen wie etwa *Walter Hallstein* und *Hans-Peter Ipsen*[20] verstanden die Verträge als Verfassung, und auch der EuGH folgte dieser Sichtweise. Seit 1986 bezeichnet er den Vertrag als die „Verfassungsurkunde der Gemeinschaft",[21] und die Frage der Zuständigkeit der EG, der EMRK beizutreten, beschreibt er als Frage „von verfassungsrechtlicher Dimension", mit der Folge, dass ein Beitritt einer vorausgehenden Änderung der Verträge, also einer Verfassungsänderung bedürfte.[22] Dem folgt die Literatur in zunehmendem Umfang.[23]

2. Klassischer und „postnationaler" Verfassungsbegriff

Allerdings gibt es auch beachtliche kritische Einwände. Die Bezeichnung des vorgelegten Konventsentwurfes als „Verfassung für Europa" wird teilweise sogar als irreführend verworfen.

Paul Kirchhof meint, der Begriff der Verfassung werde für die EU usurpiert, um den Verträgen eine nicht gegebene Legitimität unterzuschieben, die Funktion der Mitgliedstaaten als „Herren der Verträge" in Frage zu stellen und die Geltung der mitgliedstaatlichen Verfassungen zu verdrängen.[24]

Legitimität der Herrschaftsgewalt kann nur von den betroffenen Bürgerinnen und Bürgern kommen. Dies gilt im Staat, in gleicher Weise aber auch, soweit Staaten miteinander völkerrechtliche Verträge schließen. Wenn es also „Herren der Verträge" gibt, dann sind es jeweils die Bürgerinnen und Bürger, die durch ihre staatlichen Organe handeln.[25] Dies

---

Europäischen Wirtschaftsgemeinschaft und der Europäischen Atomgemeinschaft, unter „D. Vertrag zur Gründung der Europäischen Wirtschaftsgemeinschaft I. Grundzüge", Deutscher Bundestag, 2. Wahlperiode 1953 Drucksache Nr. 3440, Anlage A S. 108.

20 *H. P. Ipsen,* Europäisches Gemeinschaftsrecht, 1972, S. 64, Rn. 2/33.

21 EuGHE 1986, 1339, Rn. 23– *Les Verts,* ähnl. Gutachten 1/91, EuGHE 1991, I-6079, Rn. 21 – *EWR I.*

22 Gutachten 2/94, EuGHE 1996, I-1763, Rn. 35 – *EMRK-Beitritt.*

23 S. nur *M. Zuleeg,* Die Verfassung der Europäischen Gemeinschaft in der Rechtsprechung des Europäischen Gerichtshofs, BB 1994, S. 581 ff.; *R. Steinberg,* Grundgesetz und Europäische Verfassung, ZRP 1999, S. 365 ff.; *G. C. Rodríguez Iglesias,* Zur „Verfassung" der Europäischen Gemeinschaft, EuGRZ 1996, S. 125 ff. Ausführlich: *A. Peters,* Elemente einer Theorie der Verfassung Europas, 2001, S. 29 ff.

24 *P. Kirchhof,* Die rechtliche Struktur der Europäischen Union als Staatenverbund, in: A. v. Bogdandy, Europäisches Verfassungsrecht. Theoretische und dogmatische Grundzüge, 2003, S. 893 (896 f.).

25 Ausführlich hierzu *I. Pernice,* Europäisches und nationales Verfassungsrecht, VVDStRL 60 (2001) S. 148 (160 ff.).

wird durch den Begriff der Verfassung nicht in Frage gestellt sondern gerade hervorgehoben. Eine „europäische" Verfassung könnte die mitgliedstaatlichen Verfassungen nur verdrängen, wenn dem Begriff unterlegt wird, dass in der Verfassung die Gesamtheit der Herrschaftsausübung im Gemeinwesen geregelt ist und sein muss. Nicht einmal im Bundesstaat aber verdrängt die gesamtstaatliche Verfassung, bei uns das Grundgesetz, die Verfassungen und Staatlichkeit der Länder.

Dieter Grimm betont seinerseits zu recht, dass die Verträge tatsächlich die wesentlichen Funktionen von Verfassung erfüllen. Aber, so fährt er fort, es könne doch keine Verfassung sein, denn eine Verfassung gebe ein Volk sich selbst, während die europäische Verfassung den Bürgern von Dritten gegeben werde, von den Staaten.[26] Damit bleibt indessen außer Acht, dass – wie eben festgestellt – in demokratischen Staaten die Bürgerinnen und Bürger Legitimationsgrund und -quelle sind.[27] Für sie handeln Regierungen und Parlamente, wenn sie europäische Verträge aushandeln bzw. ratifizieren, auf ihren – demokratisch gebildeten – Willen gründet sich auch die vertragliche Konstituierung von Herrschaftsgewalt auf supranationaler Ebene. Die Form des (völkerrechtlichen) Vertrags zwischen jeweils ihre Völker repräsentierenden staatlichen Organen kann damit als eine mögliche Form supranationaler Verfassungsgebung betrachtet werden,[28] selbst wenn sich ein gemeinsames Volk im klassischen Sinne dadurch gerade nicht definiert. Der Status und Begriff des Unionsbürgers ist hinreichender Ausdruck der Zugehörigkeit zu diesem supranationalen Gemeinwesen. Die Integrationsklauseln der mitgliedstaatlichen Verfassungen wie Art. 23 Abs. 1 GG sorgen dabei nicht nur für die Öffnung der Staatlichkeit sondern legen häufig auch deren Bedingungen und Verfahren fest. Die hierauf gegründete Verbindung der Völker bzw. Bürgerinnen

---

26 *D. Grimm*, Braucht Europa eine Verfassung?, JZ 1995, S. 581 (584 ff.). Ausführlicher *ders.*, Europas Verfassung, in: G. F. Schuppert/I. Pernice/U. Haltern (Hrsg.), Europawissenschaft, 2005, S. 177 (184 ff.).

27 Krit. in diesem Sinne schon *I. Pernice,* Die Verfassungsfrage aus rechtswissenschaftlicher Sicht, in: T. Bruha/J. J. Hesse/C. Nowak (Hrsg.), Welche Verfassung für Europa? Erstes interdisziplinäres „Schwarzkopf-Kolloquium" zur Verfassungsdebatte in der Europäischen Union, 2001, S. 19, 30.

28 S. aber *D. Grimm*, Europas Verfassung (Fn. 26), S. 189, mit der feinsinnigen Unterscheidung, dass der Grundordnung der Europäischen Union „das demokratische Element" fehle: „Sie ist nicht das Produkt der Selbstbestimmung der Unionsbürger über Zweck und Form ihrer politischen Einheit ...", bei der Zustimmung der Mitgliedstaaten bzw. ihrer Parlamente bzw. durch Referenden handele es sich vielmehr „um die Entscheidung nationaler Staatsbürger oder ihrer Vertreter, ob der eigene Staat sich an der Staatengemeinschaft oder ihrer Fortentwicklung beteiligt, die aus einem nationalen, nicht europäischen Diskurs hervorgeht".

und Bürger der Mitgliedstaaten im gemeinsamen Status der Unionsbürgerschaft erscheint als eine geradezu geniale Lösung für eine übergreifende Gemeinschaft, die sich als solche für bestimmte Ziele und Aufgaben föderal konstituiert, ohne die Staatlichkeit und (verfassungs-)kulturelle Identität der Mitgliedstaaten in Frage zu stellen. Verfassung kann so durchaus ohne ein gemeinsames Volk im klassischen Sinne gedacht werden,[29] entscheidend kommt es auf die Legitimation anvertrauter öffentlicher Gewalt durch die Betroffenen an.

Kritik an der Verwendung des Verfassungsbegriffs für das Primärrecht der Europäischen Union wird aber auch unter soziologisch-historischer Perspektive geäußert: Im Blick auf das „Verfassungsfieber" zur Zeit der französischen Revolution erinnert *Hasso Hofmann* an die tiefe Bedeutung von „Verfassung":

> „Als Verheißung der Einrichtung souveräner menschlicher Selbstbestimmung hatte der Verfassungsbegriff den Charakter eines Zukunftsentwurfs, eines Plans, der Eröffnung eines neuen Zeitalters".[30]

Es sei der „enthousiasmierende Pathos der Freiheit und der menschlichen Gleichheit",[31] der diesen Begriff ausmache und bei der EU fehle.[32] In der Tat wird man in den fünfziger Jahren des letzten Jahrhunderts vergeblich nach einer Massenbewegung dieser Art für Europa suchen. Doch war nach den Katastrophen zweier Weltkriege in Europa die Suche nach einem neuen Modell politischer Ordnung als Grundlage für den Frieden wirklich weniger verzweifelt als die Sehnsucht der Menschen nach Freiheit gegenüber dem absoluten Herrscher? War der Vorschlag einer supranationalen Hoheitsgewalt, wie ihn *Jean Monnet* entwickelt hatte, weniger revolutionär gegenüber dem herrschenden westfälischen Ordnungsmodell, das so kläglich versagt hatte, weniger bedeutsam als der Übergang von der Fürsten- zur Volkssouveränität?

---

29 Weiterführend insofern A. *Augustin*, Das Volk der Europäischen Union – Zu Inhalt und Kritik eines normativen Begriffs, 2000. S. 377 ff. (386 ff.), die den Volksbegriff – trotz der Anknüpfung vieler Verfassungen an das Volk und die Volkssouveränität – für den Demokratiebegriff und die verfassungsgebende Gewalt entbehrlich hält, weil Selbstbestimmung ohne Mediatisierung des einzelnen in einem Volk, das als Kollektiv handelt, auskomme und vielmehr direkt aus der Realisation der individuellen Freiheit folge: privat durch die Grundrechte und öffentlich durch die Einflussnahme auf den politischen Prozess und die gemeinsame Einigung aller Individuen.

30 *H. Hofmann*, Von der Staatssoziologie zu einer Soziologie der Verfassung, JZ 1999, 1065 (1070).

31 Ebd., S. 1069.

32 Hierzu auch ausführlich *U. Haltern*, Europarecht und das Politische, 2005.

Der Enthusiasmus für Europa und seine Verfassung war und ist gewiss nicht überwältigend, schon der Ansatz einer supranationalen Verfassung ist abstrakt und seine Umsetzung eine höchst komplexe Aufgabe. Wie groß aber war der Enthusiasmus des deutschen Volkes seinerzeit für die Weimarer Verfassung oder später für das Grundgesetz? Und dass der Enthusiasmus der von der Sowjetherrschaft befreiten Völker Mittel- und Osteuropas für ihre neuen Verfassungen überwältigend gewesen wäre, ist auch schwer zu sagen. Gleichwohl bezeichnen wir diese Normwerke ohne weiteres als Verfassungen.

Ein verbreiteter Einwand schließlich ist die begriffliche Verknüpfung der Verfassung mit dem Staat, den sie voraussetze.[33] Doch diese Verknüpfung ist keinesfalls zwingend.[34] Zunehmend wird vertreten, dass es Verfassung auch ohne Staat geben könne.[35] Denn der Kern von Verfassung kann darin zu sehen sein, dass sie öffentliche Gewalt konstituiert, legitimiert, organisiert und zugleich im Verhältnis zu den Betroffenen begrenzt. Dies hat schon

---

33 Vgl. *D. Grimm*, Europas Verfassung (Fn. 26), S. 184 ff.; *J. Isensee*, in: Isensee/Kirchhof (Hrsg.), Handbuch des Staatsrechts, Bd. II (2004), § 15 Rn. 1, 3, der zwar einen weiten, formalen Verfassungsbegriff („Statut") als Inbegriff der Regeln, welche die Bedingungen des Handelns und der Willensbildung festlegen, anerkennt, in der Verfassung im staatsrechtlichen Sinn aber nicht bloß das Schema formaler Organisation sondern die Grundlage von Sinngebung und Akzeptanz sieht. Die Gründungsverträge der Europäischen Union bilden nach seiner Ansicht daher die formelle und materielle Verfassung, ihnen fehle aber der integrative Charakter: die Zustimmung des Volkes (Rn. 15 f.). Auch für *P. Kirchhof*, ebd., § 21 Rn. 25, 54, ist der Staat Voraussetzung der Verfassung. Er empfindet den Begriff der Verfassung für die Europäische Union als nicht wirklichkeitsgerecht, weil diese aufgrund der begrenzten Einzelermächtigung und der nur mittelbar von den Staatsvölkern abgeleiteten Hoheitsgewalt nicht die Legitimation, universelle Aufgaben- und Selbsterneuerungskraft eines Verfassungsstaates besitze. Auch *M. Pechstein/C. König*, Die Europäische Union, 2. Aufl. 1998, Rn. 551 ff. scheinen davon auszugehen, dass nur ein Staat die Erwartungen, die an eine Verfassung gestellt werden, erfüllen kann, und halten es für gewagt, bereits von einer Unionsverfassung zu sprechen.

34 Krit. auch: *G. Lübbe-Wolff*, Die „Verfassung für Europa" – ein Etikettenschwindel?, in: W. Baumann/H.-J. v. Dickhuth-Harrach/W. Marotzke (Hrsg.), FS Otte, 2005, S. 195 (204 f.); ausführlich: *A. Peters*, Elemente (Fn. 23) S. 93-166; *C. Möllers*, Verfassunggebende Gewalt (Fn. 17) S. 18 ff., mit zahlr. Nachweisen zum Streitstand. *Möllers* erinnert an die „zentrale Aufgabe des europäischen Verfassungsbegriffs, an die rechtliche Ermöglichung demokratischer Politik"; s. auch *S. Hobe*, Bedingungen, Verfahren und Chancen europäischer Verfassunggebung: Zur Arbeit des Brüsseler Verfassungskonvents, EuR 2003, 1 (3 ff., 6 ff.).

35 Vgl. ausführlich: *A. Peters*, Elemente (Fn. 23), S. 93 ff.: „Die Ablösung der Verfassung vom Staat". Ebenso: *U. Schliesky*, Souveränität und Legitimität von Herrschaftsgewalt, 2004, S. 482 ff., beide mit zahlr. weiteren Nachweisen.

Georg Jellinek so gesehen, wenn er ausführt, dass „jeder dauernde Verband ... einer Ordnung (bedarf), der gemäß sein Wille gebildet und vollzogen, sein Bereich abgegrenzt, die Stellung seiner Mitglieder in ihm und zu ihm geregelt wird".[36] Danach kann eine Verfassung auch ein System geteilter, auf zwei oder mehr Ebenen verteilter Zuständigkeiten begründen.[37] Im Bundesstaat ist das schon lange bekannt. Es spricht nichts dagegen, den Begriff auf die überstaatliche Dimension geteilter Zuständigkeit in einem zusammengesetzten oder gestuften politischen System anzuwenden, wenn das betreffende Statut die wesentlichen Funktionen von „Verfassung" erfüllt.[38] Um diesen offeneren, nicht mehr auf Staat und Nation zentrierten, sondern auf die demokratische Selbstbestimmung des einzelnen bezogenen Begriff der Verfassung von der klassischen Begrifflichkeit zu unterscheiden, habe ich das Attribut „postnational" vorgeschlagen.[39]

3. Die Europäische Union als Verfassungsverbund

Der „postnationale" Verfassungsbegriff erlaubt es, die Verfasstheit der Europäischen Union als politische Gemeinschaft der sich als Unionsbürger definierenden Bürgerinnen und Bürger der Mitgliedstaaten zu thematisieren, ohne dass damit Staatlichkeit impliziert wird. Vielmehr geht es darum, dass in der Europäischen Union die nationalen Verfassungen und das europäische Primärrecht zusammen ein integriertes Rechtssystem bilden, das ich seit 1995 als europäischen Verfassungsverbund zu beschreiben suche.[40] Der Begriff unterstreicht die materiell-rechtliche Einheit des (Verfassungs-)Rechts im europäisch-mitgliedstaatlichen Verbund. Beide

---

36 *G. Jellinek*, Allgemeine Staatslehre, Neudruck 3. Aufl., 1921, S. 505.

37 *G.-F. Schuppert*, Demokratische Legitimation jenseits des Nationalstaates. Einige Bemerkungen zum Legitimationsproblem der Europäischen Union, in: Heyde/Schaber, Demokratisches Regieren in Europa?, 2000, S. 65 (76 ff.); *F. C. Mayer*, Kompetenzüberschreitung (Fn. 1), S. 31 ff. Die konsequente rechtliche Weiterentwicklung ist das Konzept des „Europäischen Verfassungsverbunds". Dazu sogleich unten und *I. Pernice*, in: Dreier (Hrsg.), Grundgesetz, Bd. II, 2. Aufl. 2006, Art. 23 Rn. 20.

38 Zu den Funktionen s. *I. Pernice*, Verfassungsrecht (Fn. 25), S. 158 ff.; s. auch *U. Schliesky*, Souveränität (Fn. 35), S. 492 ff.

39 *I. Pernice*, Verfassungsrecht (Fn. 25), S. 155 ff.; zur verfassungsbezogenen Verwendung des Begriffs „postnational" s. jetzt auch *U. Liebert/J. Falke*, Postnational Constitutionalisation in the New Europe, 2006.

40 Umfassend *I. Pernice*, Verfassungsrecht (Fn. 25); vgl. auch oben, Fn. 2. Kritisch *M. Jestaedt*, Der Europäische Verfassungsverbund – Verfassungstheoretischer Charme und rechtstheoretische Insuffizienz einer Unschärferelation, in: FS Blomeyer, 2004, S. 638 ff.

Ebenen zusammen genommen sind zu dem verbunden, was letztlich die „Europäische Verfassung" ausmacht.[41] Das Bundesverfassungsgericht spricht bereits im Maastricht-Urteil vom „Rechtsverbund",[42] macht zu den Implikationen jedoch keine weiteren Ausführungen. Die Bedeutung dieses Begriffs ergibt sich allerdings schon aus der Rechtsprechung zur Funktion der Integrationsakte (dazu a.). Der Gedanke des Rechts-, besser des Verfassungsverbunds begründet die Offenheit der nationalen und supranationalen (Teil-)Verfassung für wechselseitige Einflüsse, die die materiellrechtliche Einheit im Sinne der Konsistenz, Kohärenz und Stabilität der Gesamtordnung festigen (dazu b.) und für ihre Legitimationssubjekte, die Bürgerinnen und Bürger der Mitgliedstaaten in ihrer europäischen Identität, auf den Begriff bringen (dazu c.).

a. Übertragung von Hoheitsrechten

Einen Niederschlag findet diese Verbundenheit bereits in den rechtlichen Auswirkungen der vertraglichen Gründung und Fortentwicklung der Europäischen Gemeinschaft auf das nationale Verfassungsrecht: Schon im „Eurocontrol"-Beschluss stellt das Bundesverfassungsgericht fest:

> „Die Übertragung von Hoheitsrechten bewirkt einen Eingriff in und eine Veränderung der verfassungsrechtlich festgelegten Zuständigkeitsordnung und damit materiell eine Verfassungsänderung ... Das Gewicht dieser Momente gebietet es, den Gesetzesvorbehalt in Art. 24 Abs. 1 GG strikt auszulegen. Sein Sinn ist es, einen solchen Vorgang, der das Funktions- und Machtverteilungsgefüge, wie es im Grundgesetz angelegt ist, verändert, nur mit förmlicher Zustimmung des Gesetzebers ‚durch Gesetz' zu gestatten, wenn schon eine förmliche Verfassungsänderung nach Art. 79 GG nicht gefordert ist ..."[43]

Konsequenterweise fordert der im Zusammenhang mit der Gründung der Europäischen Union erfolgten Verfassungsänderung von 1992 eingefügte Art. 23 Abs. 1 S. 3 GG für derartige Übertragungen von Hoheitsrechten auf die Europäische Union verfassungsändernde Mehrheiten und verweist auf die Grenzen des Art. 79 Abs. 3 GG.

Als Verfassungsverbund präsentiert sich die Gesamtordnung auch aus der Perspektive des betroffenen Bürgers: Tatsächlich legitimiert sich – bei Vertragsschluss wie bei der Ausübung der europäischen Kompetenzen – das europäische Recht von den Bürgern der Mitgliedstaaten her, von denselben

---

41 Vgl. dazu A. v. Bogdandy, Supranationaler Föderalismus als Wirklichkeit und Idee einer neuen Herrschaftsform, 1999, S. 13.

42 BVerfGE 89, 155 (183) – Maastricht, zur Offenheit des Grundgesetzes für Bindungen „in dem engeren Rechtsverbund einer zwischenstaatlichen Gemeinschaft".

43 BVerfGE 58, 1 (36) – Eurocontrol.

Bürgern, von denen sich im Rahmen jeder innerstaatlichen Rechtsordnung die Legitimation des jeweilige nationalen Rechts ableitet. Diese Bürger sind Adressaten zugleich ihres nationalen Rechts und der gemeinsamen europäischen Normen. Deshalb ist es verfassungstheoretisch möglich, von zwei auf dieselben Bürger bezogenen Rechts- bzw. Verfassungsebenen zu sprechen.

b. Wechselwirkungen zwischen nationalem und europäischem Recht

Dies hat Bedeutung auch für das Verhältnis der nationalen zur europäischen Verfassungsebene. Europäische und nationale Verfassungen stehen nebeneinander, sie ergänzen einander. Die Verfassung der Europäischen Union baut auf die Verfassungen der Mitgliedstaaten auf und ist für ihr Funktionieren auf sie und die innerstaatlichen Ordnungen angewiesen. Beide Verfassungsebenen stehen in permanenter Wechselwirkung.[44] Jede Fortentwicklung des europäischen Primärrechts, ja sogar viele der sekundärrechtlichen Rechtsakte verändern unmittelbar Inhalt und Bedeutung des innerstaatlichen Rechts, einschließlich des Verfassungsrechts. Hierauf beruht die vielfach beschriebene Europäisierung des innerstaatlichen Rechts, die von Verfassungs- und Verwaltungsrecht bis weit ins Privatrecht hineinreicht und neuerdings auch das Strafrecht erfasst. Diese stillschweigenden Mutationsprozesse impliziter Rechtsänderung erklären auch, warum im Rahmen von Art. 23 GG nicht auf die Klarstellungsklausel des Art. 79 Abs. 1 GG verwiesen werden kann.

Wesentliche Einflüsse sind im Gegenzug von der nationalen auf die europäische Verfassungsebene zu beobachten, auch und besonders im Bereich der verfassungsgerichtlichen Rechtsprechung. Ein wichtiges Beispiel ist die prätorische Einführung des Grundrechtsschutzes auf der europäischen Ebene durch den EuGH auf der Grundlage der „allgemeinen Rechtsgrundsätze", auf die Art. 6 Abs. 2 EU seit dem Vertrag von Maastricht Bezug nimmt und die mit der Charta der Grundrechte jetzt konkretisiert wurden.[45] Maßstab sind die verfassungsrechtlichen Überlieferungen der Mitgliedstaaten, aber auch die EMRK in der Auslegung des Europäischen Gerichtshofs für Menschenrechte (EGMR). Im Urteil „Hauer" etwa übernahm der EuGH wesentliche Elemente der deutschen Grundrechtsdogmatik, als er mögliche Beschränkungen von Eigentum und Berufsfreiheit am Grundsatz der Verhältnismäßigkeit maß

---

44 S. dazu näher *J. Schwarze*, in ders., Die Entstehung einer neuen Verfassungsordnung, 2000, S. 11, 13; *C. Grabenwarter*, Staatliches Unionsverfassungsrecht, in: A. v. Bogdandy (Hrsg.), Europäisches Verfassungsrecht. Theoretische und dogmatische Grundzüge, 2003, S. 283 (297 ff, 332 f.).

45 Zusammenfassend zuletzt: *J. Schwarze*, Der Schutz der Grundrechte durch den EuGH, in: NJW 2005, S. 3459 ff.

und den Wesensgehalt der Grundrechte für unantastbar erklärte.[46] Der Einfluss auch der EMRK wurde besonders deutlich bei der Definition des Schutzumfangs des Rechts auf Unverletzlichkeit der Wohnung durch den EuGH, der Geschäftsräume zunächst ausschloss, diese restriktive Sicht aber korrigierte, nachdem der EGMR später eine weitergreifende Auslegung des Grundrechts annahm.[47]

Eine horizontale Dimension erhält der europäische Verfassungsverbund einerseits durch die europarechtlich vermittelte gegenseitige Anerkennung etwa im Bereich des freien Warenverkehrs, der Hochschuldiplome sowie neuerdings gerichtlicher Entscheidungen.[48] Auf der anderen Seite stehen wechselseitige Beeinflussungen zwischen den nationalen Rechtsordnungen wie z.b. bei der Rezeption der Grundsätze des Maastricht-Urteils des Bundesverfassungsgerichts durch andere Verfassungsgerichte.[49] Auch der Vorbildcharakter der deutschen Grundrechtsdogmatik und insbesondere des Verhältnismäßigkeitsgrundsatzes[50] für andere Rechtsordnungen lässt diese horizontale Dimension hervortreten.

Aus alledem folgt jedoch keine „Entmachtung" von nationalen oder europäischen Gerichten oder die Infragestellung der Autorität oder Geltung der jeweiligen Verfassung. Die Rechtsprechung zeigt vielmehr, dass der „Dialog" der Gerichte auch ohne Thematisierung der Frage der Letztentscheidung[51] im Sinne eines Kooperationsverhältnisses sinnvolle Ergebnisse zeitigen kann: Trotz formaler Autonomie der Rechtsebenen und -quellen lässt die Praxis das Recht Norm für Norm inhaltlich zusammen-wachsen, was *Peter Häberle* seit 1991 mit dem Begriff „gemeineuropäisches Verfassungsrecht" kennzeichnet und was, alle Rechtsbereiche erfassend, europäisches Gemeinrecht werden könnte.[52]

---

46 EuGH, Slg. 1979, S. 3727 – *Hauer*, Rn. 23, 32.

47 S. einerseits EuGH, Slg. 1989, S. 2859 Rn. 17 f. – *Hoechst*, und ande-rerseits EuGH, Slg. 2002, I-9011 Rn. 29– *Roquette Frères SA*, im Blick auf die zwischenzeitliche Rechtsprechung des EGMR in der Sache Niemitz.

48 Vgl. näher *I. Pernice*, Die horizontale Dimension (Fn. 2), S. 372 ff.

49 S. hierzu unten S. 34 ff.; vgl. auch *C. Grabenwarter*, Unionsverfassungsrecht, S. 283 (332 f.).

50 *P. Häberle*, Die Verfassungsgerichtsbarkeit auf der heutigen Entwicklungsstufe des Verfassungsstaates, EuGRZ 2004, S. 117 (122).

51 Zum Begriff *F. C. Mayer*, Kompetenzüberschreitung (Fn. 1) S. 31 ff.

52 Grundlegend: *P. Häberle*, Gemeineuropäisches Verfassungsrecht, EuGRZ 1991, S. 261 ff.; weiterführend, unter Rückgriff auch auf die gemeinsamen Grundlagen der europäischen Rechtskultur: *ders.*, Europäische Verfassungslehre, 4. Aufl. 2006, S. 104 ff.; vgl. auch *I. Pernice*, Der Verfassungsentwurf als gemei-neuropäisches Verfassungsrecht, in: P. Brand/S. Huster/D. Tsatsos (Hrsg.), Die Europäische Union als Verfassungsordnung, 2004, S. 111 ff.

c. Die europäische Identität der Bürgerinnen und Bürger der Mitgliedstaaten

Diese Prozesse als Teil einer neuen, gemeinsamen europäischen Identitätsbildung für die Bürgerinnen und Bürger der Mitgliedstaaten der Europäischen Union, über ihre ggf. regionalen, nationalen und anderen Identitäten hinaus begreifbar zu machen und positiv zu konnotieren, ist ein wichtiger Aspekt des Konzepts des Verfassungsverbundes. Es geht um die Darstellung der nationalen Verfassungen zusammen mit der europäischen Verfassungsebene als einheitliches, die Bürgerinnen und Bürger gestuft in unterschiedlicher Dichte, für unterschiedliche Gemeinwohlbelange verbindendes System. Europäisches Recht ist kein Völkerrecht, kein fremdes Recht, sondern für sie ebenso „eigenes" Recht, wie Bundes- oder Landesrecht. Auch die Europäische Union und ihre Institutionen sind für sie – nach einem ernst genommenen Subsidiaritätsprinzip – Instrument oder Werkzeug für die Artikulation und Realisierung von Gemeinwohlzielen in Bereichen, die außerhalb der Wirkungsmöglichkeiten nationaler oder gar regionaler politischer Institutionen liegen.

Dass der Verfassungsverbund der Europäischen Union als Rechtsgemeinschaft konzipiert ist und „zwanglos" funktioniert, ist die Grundlage für das Vertrauen, das die Bürger mit ihren Staaten Europa als politischer Gemeinschaft entgegenbringen. Darin erklärt sich die Schlüsselstellung der Gerichtsbarkeit in Europa: der genuin europäischen Gerichte zusammen mit den innerstaatlichen Gerichten, die als „europäische" Gerichte konsequent und loyal das europäische Recht als wichtigen Teil des für alle verbindlichen Rechts anzuwenden haben, im Interesse der Unionsbürgerinnen und -bürger, ggf. auch unter Verdrängung entgegenstehenden innerstaatlichen Rechts.

III. Das Vorrangprinzip und die nationalen Verfassungsgerichte

In der Praxis wird der Grundsatz des Vorrangs des europäischen (Gemeinschafts-)Rechts gegenüber entgegenstehenden nationalen Vorschriften von allen Gerichten der Mitgliedstaaten respektiert, freilich – insbesondere was den Vorrang auch vor nationalem Verfassungsrecht betrifft – nicht in der Absolutheit, wie vom EuGH gefordert. Handelt es sich deshalb, wie *Armin v. Bogdandy* überspitzt formuliert, um ein „ungeregeltes Verhältnis"?[53]

---

53 *A. v. Bogdandy*, Europäische Prinzipienlehre, in: ders., Europäisches Verfassungsrecht, 2003, S. 149 (193); ausführlich zu Konsequenzen und Problemen

1. Die Rechtsprechung des EuGH zum Vorrang

Bekanntlich hat der Gerichtshof mit seinem bahnbrechenden Urteil in der Sache Costa/ENEL von 1964 den Grundstein für seine vielzitierte Rolle als „Motor der Integration" gelegt.[54] Es begründet den Vorrang neben der praktischen Wirksamkeit und der Notwendigkeit einheitlicher Rechtsanwendung mit der Eigenständigkeit der vom EWG-Vertrag geschaffenen Rechtsordnung, der mit der Übertragung von Hoheitsrechten erfolgten Beschränkung der Souveränitätsrechte der Mitgliedstaaten und der Schaffung eines Rechtskörpers, „der für ihre Angehörigen und sie selbst verbindlich ist".[55] Daraus folgt für ihn:

> „Diese Aufnahme der Bestimmungen des Gemeinschaftsrechts in das Recht der einzelnen Mitgliedstaaten und, allgemeiner, Wortlaut und Geist des Vertrages haben zur Folge, dass es den Staaten unmöglich ist, gegen eine von ihnen auf der Grundlage der Gegenseitigkeit angenommene Rechtsordnung nachträgliche einseitige Maßnahmen ins Feld zu führen. Solche Maßnahmen stehen der Anwendbarkeit der Gemeinschaftsrechtsordnung also nicht entgegen."[56]

Der EuGH vertritt deshalb die Ansicht, dass Sekundärrecht nicht der Gültigkeitskontrolle durch nationale Gerichte anhand nationalen Rechts, auch nicht des Verfassungsrechts unterliege.[57] Für die Prüfung der Gültigkeit von Gemeinschaftsrechtshandlungen gebe es das Vorabentscheidungsverfahren nach Art. 234 und die Nichtigkeitsklage nach Art. 230 EG, die „dem Gerichtshof die ausschließliche Zuständigkeit für die Nichtigerklärung der Handlung eines Gemeinschaftsorgans zuweis(en)".[58] Andernfalls wären „Meinungsverschiedenheiten der Gerichte der Mitgliedstaaten über die Gültigkeit von Gemeinschaftshandlungen ... geeignet, die Einheit der Gemeinschaftsrechtsordnung selbst aufs Spiel zu setzen und das grundlegende Erfordernis der Rechtssicherheit zu beeinträchtigen".[59] Bereits in

---

des Vorrangprinzips *H.-D. Jarass/S. Beljin*, Die Bedeutung von Vorrang und Durchführung des EG-Rechts für die nationale Rechtsetzung und Rechtsanwendung, NVwZ 2004, S. 1 ff.; s. auch *F. C. Mayer*, Supremacy – lost?, German Law Journal 6 (2005), S. 1497 ff.

54 Dazu *K.-D. Borchardt*, Richterrecht durch den Gerichtshof der Europäischen Gemeinschaften, in: GS Grabitz, 1995, S. 29 ff.

55 EuGHE 1964, 1141, Rn. 8 – *Costa/ENEL*.

56 Ebd., Rn. 9.

57 EuGHE 1970, 1125 Rn. 3 – *Internationale Handelsgesellschaft*; EuGHE 1987, 4199 Rn. 14 ff. – *Foto-Frost*; eine Ausnahme besteht unter bestimmten Voraussetzungen für vorläufigen Rechtsschutz vgl. EuGHE 1991, I-415 Rn. 18 – *Zuckerfabrik Süderdithmarschen*, hierzu ausführlich u.a. *M. Claes,* National Courts' Mandate (Fn. 1), S. 559 ff.

58 EuGHE 1987, 4199 Rn. 17 – *Foto-Frost*.

59 Ebd. Rn. 15.

der Rechtssache Internationale Handelsgesellschaft führt er zur Frage einer Kontrolle anhand nationaler Grundrechte aus:

> „Die einheitliche Geltung des Gemeinschaftsrechts würde beeinträchtigt, wenn bei der Entscheidung über die Gültigkeit von Handlungen der Gemeinschaftsorgane Normen oder Grundsätze des nationalen Rechts herangezogen würden. Die Gültigkeit solcher Handlungen kann nur nach dem Gemeinschaftsrecht beurteilt werden, denn dem vom Vertrag geschaffenen, somit aus einer autonomen Rechtsquelle fließenden Recht können wegen seiner Eigenständigkeit keine wie immer gearteten innerstaatlichen Rechtsvorschriften vorgehen, wenn ihm nicht sein Charakter als Gemeinschaftsrecht aberkannt und wenn nicht die Rechtsgrundlage der Gemeinschaft selbst in Frage gestellt werden soll. Daher kann es die Gültigkeit einer Gemeinschaftshandlung oder deren Geltung in einem Mitgliedstaat nicht berühren, wenn geltend gemacht wird, die Grundrechte in der ihnen von der Verfassung dieses Staates gegebenen Gestalt oder die Strukturprinzipien der nationalen Verfassung seien verletzt."[60]

Insofern kommen nur entsprechende gemeinschaftsrechtliche Garantien in Form allgemeiner Rechtsgrundsätze als Prüfungsmaßstab in Betracht.[61]

Entscheidender sachlicher Grund für den Vorrang des europäischen Rechts ist die mit dem Gedanken der Einheitlichkeit angesprochene Gleichheit vor dem (europäischen) Gesetz.[62] Sie fordert, dass im Konfliktfall die partikulare vor der gemeinsamen Norm weicht. Diese Gleichheit ist, wie *Thomas Oppermann* zu Recht betont, „eine elementare Voraussetzung für die Existenz und Akzeptanz der Gemeinschaft".[63] Nur auf dieser Grundlage kann die übernationale Ordnung als Rechtsordnung für alle Bürgerinnen und Bürger sowie die Mitgliedsstaaten gelten. Das Prinzip der gleichen Freiheit aller Bürgerinnen und Bürger ist das „eigentliche zentripetale Schwungrad der Rechtsordnung".[64] Auf dieser Grundlage hat der Gerichtshof seine Rechtsprechung vom Vorrang des Gemeinschaftsrechts entwickelt. Die Achtung dieser Regel durch alle Institutionen der Mitgliedstaaten im gemeinsamen Interesse aller Bürgerinnen und Bürger der Union, das gegenseitige Vertrauen auf ihre unverbrüchliche Beachtung durch die jeweils anderen, ist damit Vertrags- und Geltungsgrundlage des gemeinsamen Rechts überhaupt. Dies gilt umso mehr, wenn man die Stellung der Mitgliedstaaten als (Mit-)Gesetzgeber der von ihnen vorrangig anzuwendenden Normen bedenkt.[65] Werden, wie vorliegend, die

---

60 EuGHE 1970, 1125 Rn. 3 – *Internationale Handelsgesellschaft.*

61 Ebd. Rn. 4.

62 Auch der EuGH verweist in EuGHE 1964, 1141, Rn. 9 – *Costa/ENEL* auf diesen Aspekt.

63 *T. Oppermann*, Europarecht 3. Aufl. 2005, § 7 Rn. 9.

64 *A. v. Bogdandy*, Prinzipienlehre (Fn. 53), S. 191.

65 So, auf die Staaten bezogen, *R. Bieber/I. Salomé*, Hierarchy of Norms in

Bürgerinnen und Bürger als Legitimationssubjekt des europäischen Rechts begriffen, so zeigt sich noch deutlicher, dass die Frage, welcher Norm der Vorrang eingeräumt wird, nicht von den Akteuren beider Ebenen abhängen kann, sondern vom vereinbarten bzw. vermuteten Willen dieser Bürgerinnen und Bürger.

Der EuGH hat allerdings präzisiert, dass es nicht um einen Geltungs- sondern um einen Anwendungsvorrang geht. Das bedeutet, die innerstaatliche Norm, die dem europäischen Recht entgegensteht, ist nicht ungültig, wird nicht generell verworfen oder vernichtet, sondern kommt im gegebenen Fall nur nicht zur Anwendung.[66] Das europäische Recht „bricht" nicht das mitgliedstaatliche Recht, sondern das europäische Recht verdrängt in seinem Anwendungsbereich die widersprechende innerstaatliche Norm, die jedoch weiterhin grundsätzlich Geltung behält. Damit kann der europarechtliche Vorrang, wie Generalanwalt Lagrange schon 1964 anschaulich dargestellt hat, verstanden werden als

> „Frage des Nebeneinanderstehens zweier … einander widersprechender Rechtsnormen, die beide in der innerstaatlichen Rechtsordnung Geltung beanspruchen und von denen die eine im Vertrag enthalten oder von Gemeinschaftsorganen erlassen, die andere von staatlichen Organen gesetzt ist".[67]

Die formale Eigenständigkeit des Gemeinschaftsrechts ist umgekehrt Grundlage für eine weitere Besonderheit des europäischen Rechtssystems: Es sind stets und ausschließlich die nationalen Behörden[68] und Gerichte, die diesen Vorrang zu beachten und durchzusetzen haben. In keinem Fall kann der EuGH eine Norm des nationalen Rechts für ungültig erklären: Im Vorlageverfahren legt er europäisches Recht aus und befindet über die Gültigkeit europäischer Rechtsakte. Ob nationales Recht hiermit vereinbar ist, entscheiden allein die nationalen Gerichte. Auch bei Nichtigkeits- oder Vornahmeklagen (Art. 230, 232 EG) kann der EuGH bzw. das EuG nur über die Vereinbarkeit des Verhaltens europäischer Organe mit europäischem Recht befinden.[69] Selbst das Vertragsverletzungsverfahren (Art. 226,

---

European Law, CMLRev. 33 (1996), S. 907 (912).

66 Vgl. EuGHE 1991, I-297 Rn. 19 – *Nimz*. Vgl. schon *G. Hoffmann*, Das Verhältnis des Rechts der Europäischen Gemeinschaften zum Recht der Mitgliedstaaten, DÖV 1967, S. 433, (440); dazu *M. Zuleeg*, Der rechtliche Zusammenhalt der Europäischen Union, 2004, S. 104 ff.

67 GA *Lagrange*, EuGHE 1964, 1251 (1285) – *Costa/ENEL*.

68 Zur Bindung auch der Verwaltungsbehörden vgl. EuGHE 1999, I-2517, Rn. 30 – *Ciola*; dazu auch *H.-D. Jarass/S. Beljin*, Bedeutung von Vorrang (Fn. 53), S. 9 ff.

69 S. dazu auch *G. C. Rodríguez Iglesias*, Komponenten der richterlichen Gewalt (Fn. 1), S. 1890.

228 EG) gestatte: lediglich die Feststellung von Vertragsverletzungen und die Festsetzung von Zwangsgeldern und Geldbußen, die ihrerseits aber nicht gegen den betreffenden Mitgliedstaat vollstreckt werden können (Art. 244 iVm. Art. 256 Abs. 1 EG).

In der Europäischen Union gibt es also keinerlei unmittelbare Zwangs- oder Vollstreckungsgewalt europäischer Organe. Das Monopol physischer Zwangsgewalt bleibt bei den Mitgliedstaaten. Die EU ist Rechtsgemein- schaft, beruht auf Freiwilligkeit, auf der Einsicht in die Verbindlichkeit des Rechts.[70] Auch die Verpflichtung zur Achtung des Vorrangsprinzips kann daher nicht von europäischen Organen gegen die Mitgliedstaaten mit Zwangsmitteln durchgesetzt werden, sondern ist ins Pflichtenbuch der innerstaatlichen Organe, insbesondere der Gerichte geschrieben. Ihnen kommt die Aufgabe zu, europarechtswidrigen Akten der eigenen Regierung, des eigenen Gesetz-, ja sogar des eigenen Verfassungsgebers die Gefolgschaft zu verweigern und dem Europarecht zur Durchsetzung zu verhelfen.

Das Europa der Bürger ist insofern bei der Umsetzung des Gemein- schaftsrechts auf die innerstaatlichen Gerichte angewiesen.[71] In Deutschland folgt diese Pflicht auch aus Art. 20 Abs. 3 GG: Zur verfassungsmäßigen Ordnung, zu Gesetz und Recht gehört das – vorrangige – europäische Recht. Jedes innerstaatliche Gericht ist damit auch europäisches Gericht, eingebunden in das Loyalitäts- und Pflichtensystem der EU und Garant ihrer Funktionsfähigkeit.

Dabei haben die nationalen Gerichte – im Sinne der Subsidiarität und des Schutzes der mitgliedstaatlichen Identität – durchaus die Mög- lichkeit, eigene Akzente bei der Auslegung und dogmatischen Verortung europarechtlicher Fragestellungen zu setzen. Die Rechtsprechung des Bun- desverfassungsgerichts zum Vorrang[72] oder auch die Rechtsprechung des BGH zum Staatshaftungsrecht[73] machen dies deutlich. Der Mechanismus des Vorlageverfahrens sieht eine klare Aufteilung der Kompetenzen vor zwischen einerseits dem EuGH, dessen Aufgabe die verbindliche Auslegung und Gültigkeitsprüfung von Gemeinschaftsrecht ist, und andererseits den nationalen Gerichten, die diese Normen anwenden und den konkreten Fall letztlich entscheiden. Damit bleibt den nationalen Richtern stets

---

70 S. in diesem Kontext *F. C. Mayer*, Europa als Rechtsgemeinschaft, in: G. F. Schuppert/I. Pernice/U. Haltern (Hrsg.), Europawissenschaft, 2005, S. 429 ff.

71 *G. C. Rodríguez Iglesias*, Komponenten der richterlichen Gewalt (Fn. 1), S. 1889; ausführlich zu dieser gemeinschaftsrechtlichen Verantwortung der nationalen Gerichte auch *M. Claes*, National Courts' Mandate (Fn. 1), S. 58 ff.

72 Dazu sogleich S. 27 ff.

73 BGH NJW 1997, S. 123 ff. – *Brasserie du Pêcheur*.

die Verantwortung für die Entscheidung im Einzelfall, freilich mit der rechtlichen Bindung an die vom EuGH vorgegeben Kriterien. Diese „europäische" Mitverantwortung der innerstaatlichen Gerichte ist Grundlage ihrer Bereitschaft, dem EuGH die relevanten Fragen vorzulegen und sich offen auf die Vorgaben des EuGH einzulassen. Das System beruht also auf komplementären Zuständigkeiten der Gerichte, begründet ein Verhältnis, das im Kern nicht hierarchischer Natur, sondern kooperativer Art ist.[74]

Hinzu kommt eine horizontale Komponente: Nach der CILFIT-Rechtsprechung bedarf es im Falle eines „*acte clair*" keiner Vorlage, wenn eine gesicherte Rechtsprechung gegeben oder eine bestimmte Auslegung offenkundig ist. Gleichwohl wird gefordert, die verschiedenen Sprachfassungen auszulegen und zu prüfen, ob auch für die Gerichte der anderen Mitgliedstaaten und den EuGH die gleiche Gewissheit über die korrekte Auslegung besteht.[75] Die Gerichte müssen sich im Einzelfall also mit fremden Rechtsordnungen und vor allem den Urteilen anderer Mitgliedstaaten beschäftigen. Dieser europarechtlich veranlasste horizontale Dialog fördert nicht nur die Integration allgemein,[76] sondern speziell auch das Zusammenwachsen der Gerichte zu einem europäischen Justizverbund.

Bei allen Reformüberlegungen zum europäischen Gerichtssystem,[77] die auch die Frage einer Einschränkung des Vorlageverfahrens betreffen,[78] ist

---

74 *G. C. Rodríguez Iglesias,* Komponenten der richterlichen Gewalt (Fn. 1), S. 1890.

75 EuGHE 1982, I-3415 Rn. 16 – *CILFIT.*

76 Vgl. z. B. die rechtsgebietsspezifische Analyse von *M. Körner,* Der Dialog des EuGH mit den deutschen Arbeitsgerichten – Das Beispiel der Gleichbehandlung, NZA 2001, S. 1046 ff.

77 Vgl. hierzu die Zusammenfassung diskutierter Reformvorschläge von *M. Holm-Hadulla/N. Nohlen,* Zur Zukunft des Gerichtssystems der Europäischen Gemeinschaft – Möglichkeiten für weitere Reformen, Manuskript, vorgesehen zur Veröffentlichung in ZaöRV 2006; von denen ein Teil schon von *G. C. Rodríguez Iglesias,* Komponenten der richterlichen Gewalt (Fn. 1) besprochen wurde; s. weiter. *I. Pernice/J. Kokott/C. Saunders* (eds.), European Constitutional Law Network-Series Vol. 6 – The Future of the European Judicial System in a Comparative Perspective, 2006; s. dort zur Frage der Vorabentscheidungsverfahren insbesondere *V. Skouris,* Self-Conception, Challenges an Perspectives of the EU-Courts, S. 19 ff. (28 f.); zur neueren EuGH-Rechtsprechung vgl. *C. Herrmann,* Die Reichweite der gemeinschaftsrechtlichen Vorlagepflicht in der neueren Rechtsprechung des EuGH, EuZW 2006, 231 ff.

78 Etwa durch die Begrenzung der Vorlageberechtigung auf letztinstanzliche Gerichte, durch einen Eingangsfilter, durch den nur Verfahren von allgemeiner Bedeutung gelangen sollen, durch eine Aufweichung der CILFIT-Kriterien, die die Vorlagepflicht auf Fälle von allgemeiner Bedeutung, in denen vernünftige Zweifel an Auslegung oder Gültigkeit bestehen, beschränkt, oder durch dezentrale Vorlagegerichte.

die tragende Bedeutung dieses Verfahrens für das Funktionieren der Gemeinschaftsrechtsordnung zu beachten. Es geht nicht nur um die Gefahren für die einheitliche Auslegung und Anwendung des europäischen Rechts,[79] sondern um die aktive Rolle und das Selbstverständnis der innerstaatlichen Gerichte. Mit der Einführung des sog. *green light*-Verfahrens[80] würde ihre „europäische" Rolle gestärkt: Das vorlegende Gericht soll danach schon die ihm angemessen erscheinende Antwort vorformulieren. Soweit der EuGH damit einverstanden ist, würde er diesem Vorschlag im vereinfachten Beschlussverfahren zustimmen. Das vorlegende Gericht müsste sich damit selbst in die Fragen der Auslegung des Unionsrechts aufgrund der gegebenen Rechtsprechung von EuGH und anderen nationalen Gerichten einarbeiten, würde dem EuGH entsprechend Arbeit abnehmen und die eigene Kompetenz stärken. Seine sachliche Einbeziehung in das Verfahren erlaubte statt des Frage-Antwort-Systems einen intensiveren Dialog.[81] Dass das letzte Wort in der Auslegung beim EuGH bleibt, ist insofern hinnehmbar, als Subsumtion und Entscheidung im Einzelfall immer Sache der innerstaatlichen Gerichte bleiben.

Kooperation ist also der Modus der praktischen Arbeit der Gerichte im europäischen Verfassungsverbund und bestimmt das Verhältnis von europäischen und innerstaatlichen Gerichten: Die EU ist Rechtsgemeinschaft, beruht auf Freiwilligkeit, auf der Einsicht in die Verbindlichkeit des Rechts. Das ist ihre Stärke, das ist der Schlüssel ihrer Attraktivität, das macht sie vielleicht zum Modell überstaatlicher politischer Ordnung überhaupt, weltweit.

2. Das Bundesverfassungsgericht

Das Bundesverfassungsgericht hat in den frühen Jahren einen integrationsoffenen Ansatz verfolgt und sich in seiner Rechtsprechung eng an diejenige des EuGH angelehnt (dazu a.). Allerdings entwickelte es seit 1974 eine distanziertere Auffassung zum Verhältnis des Gemeinschaftsrechts

---

79 Vgl. *M. Holm-Hadulla/N. Nohlen*, Zukunft des Gerichtssystems (Fn. 77), S. 15.

80 Vgl. *F. Jacobs*, Further reform of the preliminary ruling procedure – towards a "green light" system?, in: FS Zuleeg, 2005, S. 204 ff. Eine solche Post facto-Kontrolle entspricht übrigens im Ansatz der von *Joseph Weiler* bereits 1985 vorgeschlagenen „green light procedure", s. dazu Editorial, Use of the preliminary procedure, CMLRev. 28 (1991) S. 241 (242).

81 So auch *M. Holm-Hadulla/N. Nohlen*, Zukunft des Gerichtssystems (Fn. 77), S. 26 f.; für eine stärkere Einbeziehung der nationalen Richter auch *V. Skouris*, Self-Conception (Fn. 77), S. 28 f., der sich von diesen besser vorbereitete Vorlagen und eine größere Kenntnis und ein stärkeres Bewusstsein für das Europarecht wünscht.

gegenüber dem nationalen (Verfassungs-)Recht und damit zum Verhältnis der europäischen zu den nationalen Gerichten (dazu b.). Nach dieser etatistisch-kritischen Phase ist es in den letzten Jahren allerdings wieder konzilianter geworden und stellt seinerseits ein „Kooperationsverhältnis" zum EuGH in den Vordergrund (dazu c.).

a. Das europäische Recht als Verfassungsrecht

In der ersten Rechtsprechungsphase von 1967 bis 1971 folgte das Gericht weitestgehend der „Autonomie-These" des EuGH, akzeptierte das Vorrangprinzip und sah sich, wie bereits erwähnt, nicht daran gehindert, einen Verfassungscharakter des EWG-Vertrages anzunehmen.[82] Für den Fall des Konflikts zwischen europäischem und nationalem Recht erkannte es die „umfassende Prüfungs- und Verwerfungskompetenz der zuständigen Gerichte" im Blick auf nationales Recht an, das mit europäischem Recht unvereinbar ist.[83] Grundlage dürfte die verbreitete Auffassung gewesen sein, dass das europäische Recht eine originäre Rechtsordnung darstellt, deren Geltung nicht von nationalem Recht abgeleitet ist.[84]

b. Phase der etatistischen Abgrenzung

Eine Wende brachte 1974 das Urteil, das unter dem Begriff „Solange I" bekannt wurde. Im Hinblick auf den Schutz der Grundrechte betonte das Bundesverfassungsgericht, dass die Übertragung von Hoheitsrechten nach Art. 24 Abs. 1 GG nicht vorbehaltlos sein könne, „solange" der EuGH keinen wirkungsvollen Grundrechtsschutz gewährleiste.[85] Einige Jahre später, nachdem der EuGH schrittweise, bis hin zum Urteil „Hauer" einen gleichwertigen europäischen Grundrechtsstandard entwickelt hatte, kehrte das Bundesverfassungsgericht aufgrund einer ausführlichen Analyse der Rechtsprechung des EuGH die Solange-Formel um und erklärte Verfassungsbeschwerden und Normenkontrollanträge gegen Akte der EG wegen der Verletzung von Grundrechten für unzulässig, solange das inzwischen erreichte Niveau des

---

82 BVerfGE 22, 293 (296) – *EWG-Verordnungen*, mit ausdrücklichem Verweis auf die Rechtsprechung des EuGH.

83 BVerfGE 31, 145 (175) – *Lütticke*.

84 Vgl. in diesem Sinne: *H.-P. Ipsen*, Europäisches Gemeinschaftsrecht, 1972, S. 58 ff.; *P. Badura*, Bewahrung und Veränderung demokratischer und rechtsstaatlicher Verfassungsstruktur in den internationalen Gemeinschaften, VVDStRL 34 (1964), S. 34 (57); für eine „genuin europarechtliche" Begründung des Vorrangs weiterhin: *T. Oppermann*, Europarecht (Fn. 63), § 7 Rn. 2 f.; weitere Nachw. bei *I. Pernice*, in Dreier (Hrsg.), GG Kommentar, Bd. II, 2. Aufl. 2006, Art. 23 Rn. 21.

85 BVerfGE 37, 271 (280) – *Solange I*.

vom EuGH gewährleisteten Grundrechtsschutzes das vom Grundgesetz als unabdingbar geforderte Niveau nicht unterschreite.[86]

In diesem als „*Solange II*" in die Geschichte eingegangenen Urteil bringt das Gericht in den Gründen zugleich aber einen Neuansatz zum Ausdruck, der für die künftige Beurteilung des Verhältnisses der Rechtsebenen zueinander maßgeblich sein sollte – in Abkehr von der Autonomie-These und von dem bis dahin weithin vertretenen Ansatz, dass europäisches Recht eine originäre Geltungsgrundlage habe.[87] Hier heißt es:

> „Artikel 24 Abs. 1 GG ermöglicht es indessen von Verfassungs wegen, Verträgen, die Hoheitsrechte auf zwischenstaatliche Einrichtungen übertragen, und dem von solchen Einrichtungen gesetzten Recht Geltungs- und Anwendungsvorrang vor dem innerstaatlichen Recht der Bundesrepublik Deutschland durch einen entsprechenden innerstaatlichen Anwendungsbefehl beizulegen ... Aus dem Rechtsanwendungsbefehl des Zustimmungsgesetzes zum EWG-Vertrag ... ergibt sich die unmittelbare Geltung der Gemeinschaftsverordnungen für die Bundesrepublik Deutschland und ihr Anwendungsvorrang gegenüber innerstaatlichem Recht".[88]

Besonders deutlich kommt die Änderung bei der Beurteilung der Zulässigkeit von Verfassungsbeschwerden gegen Rechtsakte der Gemeinschaft zum Ausdruck: Sie wurde ursprünglich rundum abgelehnt, schon weil Verordnungen nach Art. 189 Abs. 2 EWGV (heute Art. 249 Abs. 2 EG) „nicht Akte der *deutschen* öffentlichen Gewalt im Sinne des § 90 BVerfGG sind".[89]

Ausdrücklich kehrt das Gericht diesem Ansatz im Maastricht-Urteil den Rücken, indem es auf seine Aufgabe verweist, zu gewährleisten, „daß ein wirksamer Schutz der Grundrechte für die Einwohner Deutschlands auch gegenüber der Hoheitsgewalt der Gemeinschaften generell sichergestellt" wird:

> „Auch Akte einer besonderen, von der Staatsgewalt der Mitgliedstaaten geschiedenen öffentlichen Gewalt einer supranationalen Organisation betreffen die Grundrechtsberechtigten in Deutschland. Sie berühren damit die Gewährleistungen des Grundgesetzes und die Aufgaben des Bundesverfassungsgerichts, die den Grundrechtsschutz in Deutschland und insoweit nicht nur gegenüber deutschen Staatsorganen zum Gegenstand haben (Abweichung von BVerfGE 58, 1 [27])."[90]

Zwingend ergibt sich diese Auslegung aus dem Begriff „öffentliche Gewalt" in Art. 19 Abs. 4 und 93 Abs. 1 Nr. 4a GG bzw. in § 90 Abs. 1

---

86 BVerfGE 73, 339 (378 ff., 387) – *Solange II.*
87 Vgl. oben, Fn. 84.
88 BVerfGE 73, 339 (375) – *Solange II.*
89 BVerfGE 22, 293 (297) – *EWG-Verordnungen;* ebenso noch: BVerfGE 58, 1 (27) – *Eurocontrol.*
90 BVerfGE 89, 155 (175) – *Maastricht.*

BVerfGG ebenso wenig, wie die frühere, restriktivere Auslegung. Eher lassen sich der Wandel und der damit verbundene Kompetenzzuwachs des Bundesverfassungsgerichts als Zeichen dafür bewerten, dass es die Autonomie-These des EuGH endgültig verlassen hat und das europäische Recht grundsätzlich als Teil einer einheitlichen, in Deutschland geltenden Rechtsordnung betrachtet. Seine Geltung beruht danach allerdings nicht auf einer originären Konstituierung auf europäischer Ebene, sondern sie ist abgeleitet und beruht für Deutschland auf dem deutschen Zustimmungsgesetz zum EG-Vertrag. Dieses sei der Rechtsanwendungsbefehl für das (fremde) Recht, dem sich das Grundgesetz in Art. 23 Abs. 1 GG öffne.

Im Grundsatz hat sich an dieser neuen Betrachtung bis heute nichts geändert. Das Recht der EU ist danach in Deutschland als abgeleitetes Recht mittelbar auch der Kontrolle durch das Bundesverfassungsgericht unterworfen. Darüber hinaus kann die Zugehörigkeit Deutschlands zur Europäischen Union sogar, wie es im Maastricht-Urteil heißt, durch die Mitgliedstaaten als „Herren der Verträge" „letztlich durch einen gegenläufigen Akt auch wieder" aufgehoben werden.[91] Darin aber manifestiert sich ein Festhalten an einer Souveränitätsvorstellung, die mit dem Integrationsgedanken und seinem Friedensziel, wie es die Präambel des Grundgesetzes festlegt, schwer zu vereinbaren ist.

c. „Kooperationsverhältnis": Das Maastricht-Urteil und danach

Die Debatte um das Verhältnis nationaler Verfassungsgerichte zu den europäischen Gerichten umfasst seit dem Maastricht-Urteil des Jahres 1993 zwei Aspekte[92]: Neben die weiterhin offene Frage nach der Letztzuständigkeit für einen effektiven Grundrechtsschutz in der Europäischen Union (dazu aa.) tritt das primär verfahrensrechtliche Problem, wer die Einhaltung des Grundsatzes der begrenzten Einzelermächtigung (Art. 5 Abs. 1 EG), also die Kompetenzverteilung zwischen Mitgliedstaaten und Gemeinschaft und deren Einhaltung durch die europäischen Organe überprüft (dazu bb.).

aa. Kooperativer Grundrechtsschutz und Souveränitätsvorbehalt

Bezogen auf den Grundrechtsschutz geht das Bundesverfassungsgericht im Urteil vom Oktober 1993 zur Ratifikation des Vertrags von Maastricht von einem „Kooperationsverhältnis" zum EuGH aus. Dem EuGH sei

---

91 Ebd. S. 190.
92 S. dazu auch *F. C. Mayer*, Grundrechtsschutz gegen europäische Rechtsakte durch das BVerfG. Zur Verfassungsmäßigkeit der Bananenmarktordnung, EuZW 2000, S. 685 (688).

hinsichtlich europäischer Rechtsakte der Schutz der Grundrechte anvertraut. Nur wenn der vom EuGH gewährte Schutz das vom Grundgesetz als unabdingbar geforderte Niveau nachweislich generell und evident unterschreite, werde das Bundesverfassungsgericht seine Gerichtsbarkeit über die Anwendbarkeit von Gemeinschaftsrecht in Deutschland wieder ausüben.[93]

Diese Rechtsprechung hat das Gericht im Urteil über die Bananen-markt-Verordnung der EG von 2000 grundsätzlich bestätigt. Darüber hinaus werden allerdings strenge Nachweispflichten an die Behauptung eines generellen Abweichens von dem geforderten Grundrechtsniveau im Sinne der Solange II-Rechtsprechung gestellt und damit hohe Hürden für die Zulässigkeit entsprechender Verfahren errichtet.[94] Der Vorbehalt der Kontrolle europäischen Rechts durch das Bundesverfassungsgericht wird künftig also eher theoretischer Natur sein.[95] Grundsätzlich bleibt er aber bestehen und stellt sich einem unbeschränkten Vorrangprinzip entgegen. Dies bekräftigte das Gericht auch im Görgülü-Urteil von 2004, in dem es zwar um das Verhältnis von EMRK zum Grundgesetz ging, beiläufig aber in Bezug auf die EU erstmals von einem „allerdings weit zurückgenommenen Souveränitätsvorbehalt" spricht.[96]

---

93 BVerfGE 89, 155 (175) – *Maastricht*; andere wie *M. Zuleeg*, Bananen und Grundrechte – Anlaß zum Konflikt zwischen europäischer und deutscher Gerichtsbarkeit, NJW 1997, S. 1201 ff. (1206 f.) sehen in dieser Rechtsprechung allerdings keinen Wunsch nach Kooperation mit dem EuGH. Das Verhältnis sei vielmehr auf Subordination, wenn nicht gar auf Konfrontation ausgerichtet. Es gehe weniger um Grundrechtsschutz als um Kompetenzen und die Souveränität Deutschlands. S. auch unten, bei Fn. 151.

94 BVerfGE 102, 147 (161 ff., 164) – *Bananen-Marktordnung*. *F. C. Mayer*, Bananenmarktordnung (Fn. 92), S. 685 (688).

95 So auch *J. Limbach*, Die Kooperation der Gerichte in der zukünftigen europäischen Grundrechtsarchitektur, Rn. 27, abrufbar im Internet unter www.whi-berlin.de/limbach.htm, die dies als „– sehr theoretische – Reservekompetenz" bezeichnet.

96 BVerfGE 111, 307 (319) – *Görgülü*: „Das Grundgesetz will eine weitgehende Völkerrechtsfreundlichkeit, grenzüberschreitende Zusammenarbeit und politische Integration in eine sich allmählich entwickelnde internationale Gemeinschaft demokratischer Rechtsstaaten. Es will jedoch keine jeder verfassungsrechtlichen Begrenzung und Kontrolle entzogene Unterwerfung unter nichtdeutsche Hoheitsakte. Selbst die weitreichende supranationale europäische Integration, die sich für den aus der Gemeinschaftsquelle herrührenden innerstaatlich unmittelbar wirkenden Normanwendungsbefehl öffnet, steht unter einem, allerdings weit zurückgenommenen Souveränitätsvorbehalt (vgl. Art. 23 Abs. 1 GG). Völkervertragsrecht gilt innerstaatlich nur dann, wenn es in die nationale Rechtsordnung formgerecht, und in Übereinstimmung mit materiellem Verfassungsrecht inkorporiert worden ist."

Dabei bleibt es auch nach dem Urteil zum Europäischen Haft-befehl[97] von 2005. Hier erklärte das Bundesverfassungsgericht das Gesetz über die internationale Rechtshilfe in Strafsachen wegen eines Verstoßes gegen Art. 16 und 19 Abs. 4 GG für nichtig. Der Gesetz-geber habe vorhandene Umsetzungsspielräume insbesondere bei Taten mit starkem „Inlandsbezug" nicht in dem vom Grundgesetz für den Schutz der Deutschen geforderten Umfang ausgenutzt.[98] Da der Rah-menbeschluss diese Möglichkeit durchaus geboten hätte, kann sich das Bundesverfassungsgericht auf die eigene Rechtsprechung stützen, wonach immer dann, wenn das Gemeinschaftsrecht den Mitgliedstaaten einen Entscheidungsspielraum einräumt, die in diesem Rahmen erfolgten Wertungen durch den deutschen Gesetzgeber voll überprüfbar bleiben.[99]

Damit übt das Bundesverfassungsgericht im praktischen Fall weise Zurückhaltung im Sinne des Kooperationsprinzips. Auch die Tatsache, dass es einen Rahmenbeschluss der „Dritten Säule" im Ergebnis als Völkerrecht wertete,[100] sollte entgegen *v. Unger* nicht als „Kampfansage" an den EuGH bewertet werden, selbst wenn „die Option" offen gelassen wurde, auch den zu Grunde liegenden europäischen Rechtsakt auf seine Grundrechtskonformität zu prüfen.[101] Verbal bekräftigt das Gericht den grundsätzlichen Vorbehalt im Falle des Rahmenbeschlusses mit besonderer Entschiedenheit. Es betont nicht nur die politische Gestal-tungsmacht der mitgliedstaatlichen Legislativorgane bei der Umsetzung der Rahmenbeschlüsse, sondern gestattet ihnen sogar „notfalls auch ... die Verweigerung der Umsetzung", um damit klarzustellen, dass das Demokratieprinzip gewahrt sei.[102] Ferner verlangt es für die Anwendung des europäischen Haftbefehls in jedem Einzelfall die Möglichkeit einer Überprüfung der Auslieferung auf Verstöße gegen das Rechtsstaatsgebot oder gegen Grundrechte.[103] Damit verweigert es praktisch die auf ge-genseitiges Vertrauen unter den Mitgliedstaaten gestützte gegenseitige Anerkennung und stellt die gerichtliche Zusammenarbeit in Strafsachen

---

97 BVerfGE 113, 273 – *Europäischer Haftbefehl.*

98 Ebd. S. 292 ff., 302.

99 BVerfG, NJW 2001, S. 1267 (1268) – *Teilzeitarbeit.*

100 BVerfGE 113, 273 (300 f.) – *Europäischer Haftbefehl.*

101 So *M. v. Unger*, „So lange" nicht mehr: Das BVerfG behauptet die normative Freiheit des deutschen Rechts, NVwZ 2005, S. 1266 (1269).

102 BVerfGE 113, 273 (301) – *Europäischer Haftbefehl;* krit. zu recht die abw. Meinung von *G. Lübbe-Wolf,* ebd., S. 335 f.: „Wo man demokratische Legitimation in der Freiheit des Parlaments zum Verstoß gegen Unionsrecht aufsuchen zu müssen glaubt, liegt etwas im Argen". S. auch *I. Pernice,* Justizpolitik (Fn. 2), 383 ff., 386.

103 BVerfGE 113, 273, (303 f., 308, 316) – *Europäischer Haftbefehl.*

generell in Frage.[104] Immerhin wird der Rahmenbeschluss zum Europäischen Haftbefehl formell nicht anhand des Grundgesetzes überprüft. Daher kann diese Entscheidung als Beispiel dafür betrachtet werden, dass das Bundesverfassungsgericht sogar im Bereich des Unionsrechts der dritten Säule gewillt ist, Rechtsschutz in Kooperation mit dem EuGH auszuüben und die Linie des Maastricht-Urteils beizubehalten, wonach die Reservezuständigkeit nur im Ausnahmefall wahrgenommen wird.[105]

Die insbesondere vor dem Hintergrund der EG-Tabakwerberichtlinien[106] und der Rundfunkrichtlinie[107] geäußerte Meinung, ein „Solange III" sei notwendig, da diese Richtlinien „eindeutig" gegen die (negative) Meinungsfreiheit verstießen,[108] hat sich demgegenüber nicht durchzusetzen vermocht. Vielmehr hat das Bundesverfassungsgericht im seinem viel zu wenig beachteten „Teilzeit"-Urteil vom Januar 2001[109] zutreffend klargestellt, welches bei der gegenwärtigen Rechtslage im Fall einer möglichen Verletzung von Grundrechten der richtige Weg für einen effektiven Grundrechtsschutz gegenüber europäischen Rechtsakten ist: die Vorlage an den EuGH nach Art. 234 EG. Das Bundesverwaltungsgericht, so wird ausgeführt, habe in der Frage, ob die für die Zulassung als Facharzt notwendige praktische Tätigkeit auch in Teilzeit erbracht werden kann, den allgemeinen gemeinschaftsrechtlichen Grundsatz der Gleichbehandlung der Geschlechter nicht berücksichtigt, nach dem eine nicht gerechtfertigte Schlechterstellung von Teilzeitbeschäftigten verboten ist. Es habe außerdem seine Vorlageverpflichtung „grundsätzlich" verkannt und damit das Recht auf den gesetzlichen Richter nach Art. 101 Abs. 1 S. 2 GG verletzt.[110] Wenn

---

104 So auch *J. Komárek*, European Constitutionalism and the European Arrest Warrant: Contrapunctual Principles in Disharmony, Jean Monnet Working Paper 10/05, S. 15, 18, abrufbar im Internet unter: http://www.jeanmonnetprogram. org/papers/05/051001.pdf; siehe auch: *I. Pernice*, Justizpolitik (Fn. 2) S. 369 ff.

105 Vgl. auch *I. Pernice*, Justizpolitik (Fn. 2), S. 388 ff., mit der Feststellung, dass hier dieselben Maßstäbe gelten müssen, wie im Bereich der – supranationalen – EG.

106 Dazu *T. Stein*, Freier Wettbewerb und Werbeverbote in der Europäischen Union – kompetenzrechtlicher Rahmen und europarechtlicher Grundrechtsschutz, EuZW 1995, S. 435 ff.

107 Richtlinie 89/552/EWG des Rates vom 3. Oktober 1989 zur Koordinierung bestimmter Rechts- und Verwaltungsvorschriften der Mitgliedstaaten über die Ausübung der Fernsehtätigkeit („Fernsehen ohne Grenzen"), ABl. L 298 v. 17.10.1989, S. 23 ff.

108 *R. Scholz*, Wie lange bis „Solange III", NJW 1990, S. 941 (944); vgl. auch *T. Stein*, Freier Wettbewerb (Fn. 106).

109 BVerfG, NJW 2001, S. 1267 ff. – *Teilzeitarbeit.*

110 Ebd. S. 1268; vgl. schon BVerfGE 73, 339 (366 ff.) – *Solange II*; E 75, 223 (233 f.) – *Kloppenburg.*

also ein Gericht in grundrechtssensiblen Bereichen die Vorlagepflicht nach Art. 234 EG verletzt, ist dem Betroffenen die Verfassungsbeschwerde nach Art. 101 Abs. 1 S. 2 GG eröffnet. Des sonst erforderlichen Nachweises der Willkür[111] bedarf es in solchen Fällen nicht, da die Vorlage an den EuGH oft der einzige Weg sei, Grundrechtsschutz gegen Rechtsakte der EG zu erlangen[112]. Wörtlich argumentiert das Gericht wie folgt:

> „Denn der Grundrechtsschutz der Beschwerdeführerin liefe ins Leere, wenn das Bundesverfassungsgericht mangels Zuständigkeit keine materielle Prüfung anhand der Grundrechte vornehmen kann und der Europäische Gerichtshof mangels Vorabendscheidungsersuchens nicht die Möglichkeit erhält, sekundäres Gemeinschaftsrecht anhand der für die Gemeinschaft entwickelten Grundrechtsverbürgungen zu überprüfen".[113]

Damit bringt das Bundesverfassungsgericht zum Ausdruck, dass es den Vorrang des Gemeinschaftsrechts einschließlich der Aufgabe des Gerichtshofs, den Schutz der Grundrechte gegenüber Akten der Gemeinschaft zu gewährleisten, wirklich ernst nimmt. Es bietet seine Hilfe an, wenn im Einzelfall der Weg zum EuGH durch das zuständige nationale Gericht verstellt wird – ganz im Sinne des Kooperationsverhältnisses.

bb. Ausbrechende Rechtsakte

Nach dem Maastricht-Urteil können auch kompetenzwidrige, sog. „ausbrechende" Rechtsakte der EG in Deutschland keine Anwendung[114] finden. Wörtlich heißt es hierzu:

> „Würden etwa europäische Einrichtungen oder Organe den Unions-Vertrag in einer Weise handhaben oder fortbilden, die von dem Vertrag, wie er dem deutschen Zustimmungsgesetz zugrunde liegt, nicht mehr gedeckt wäre, so wären die daraus hervorgehenden Rechtsakte im deutschen Hoheitsbereich nicht verbindlich. Die deutschen Staatsorgane wären aus verfassungsrechtlichen Gründen gehindert, diese Rechtsakte in Deutschland anzuwenden. Dementsprechend prüft das Bundesverfassungsgericht, ob Rechtsakte der europäischen

---

111 S. BVerfG, EuR 1988, S. 190 (193 ff.) – *Denkavit.*

112 Anders noch BVerfGE 73, 339 (366 ff.) – *Solange II*; E 75, 223 (233 f.) – *Kloppenburg.*

113 BVerfG, NJW 2001, S. 1267 (1268) – *Teilzeitarbeit.* Vgl. vor dem Hintergrund des Entwurfes für einen Vertrag über eine Verfasung für Europa *P. Steinberg,* A Tentative Survey of the Innovations of the Constitution for Europe that Might Impact Upon National Constitutional Law, in: Ziller (Hrsg.), The Europeanisation of Constitutional Law in the Light of the Constitution for Europe, Paris 2003, S. 139 (147 ff.), abrufbar im Internet unter: http://www.whi-berlin.de/survey.htm.

114 Das kompetenz- oder grundrechtswidrig erlassene Gesetz wird nicht für nichtig, sondern nur für in Deutschland unanwendbar erklärt.

Einrichtungen und Organe sich in den Grenzen der ihnen eingeräumten Hoheitsrechte halten oder aus ihnen ausbrechen".[115]

Einschränkungen seiner Prüfungskompetenz, die denen im Bereich der Grundrechte entsprächen, hat das Gericht hierzu bislang nicht entwickelt. Freilich gab es auch keine wirkliche Gelegenheit dazu. Offenbar geht es aber nicht lediglich um eine Reservezuständigkeit. Das Bundesverfassungsgericht sieht sich grundsätzlich zur Prüfung berufen, ohne dass insoweit von einem „Kooperationsverhältnis" die Rede wäre.

Als Testfall mag das *Alcan*-Verfahren zur Rückforderung von Beihilfen gelten.[116] Zu Recht stellte das Bundesverfassungsgericht hier aber klar, dass das Urteil des EuGH, nach dem der Vertrauensschutz des § 48 VwVfG der Rückforderung wegen der vorrangigen gemeinschaftsrechtlichen Verpflichtung nicht entgegengestellt werden konnte, keine Normsetzung zum Verwaltungsverfahrensrecht darstellte und damit von einem „ausbrechenden" Rechtsakt keine Rede sein konnte.[117]

Nichts anderes kann für die Anwendung der Richtlinie 76/207 zur Gleichbehandlung der Geschlechter[118] durch den EuGH im Fall *Tanja Kreil*[119] auch im Bereich der Landesverteidigung gelten, der der Gemeinschaftskompetenz nicht unterfällt. Schon formal war die Anwendung der Gleichbehandlungsrichtlinie kein „ausbrechender Rechtsakt". Dass die Beschäftigung in den Streitkräften betroffen war und indirekt die verfassungsrechtliche Wertung betraf, nach welcher Frauen vor dem Dienst mit der Waffe geschützt sind,[120] führte aber zu der Kritik, es handle sich um eine Entscheidung, die „an die alleräußersten Grenzen vertretbarer Rechtsauslegung"[121] ginge. Man mag diese Rechtsprechung wegen ihrer

---

115 BVerfGE 89, 155 (188) – *Maastricht.*
116 BVerfG, EuZW 2000, S. 445 ff. – *Alcan.* S. dazu die Kritik von *R. Scholz*, Zum Verhältnis von europäischem Gemeinschaftsrecht und nationalem Verwaltungsverfahrensrecht – Zur Rechtsprechung des EuGH im Fall „Alcan", DÖV 1998, S. 261 ff.
117 BVerfG, EuZW 2000, S. 445, (447) – *Alcan.*
118 Richtlinie 76/207/EWG des Rates vom 9. Feb 1976 zur Verwirklichung des Grundsatzes der Gleichbehandlung von Männern und Frauen hinsichtlich des Zugangs zur Beschäftigung, zur Berufsbildung und zum beruflichen Aufstieg sowie in Bezug auf die Arbeitsbedingungen, ABl. 1976 L 39 v. 14.2.1976, S. 40.
119 EuGH, Slg. 2000, I-69 – *Kreil*; s. aber EuGH, Slg. 2003, I-2479 – *Dory.*
120 Vgl. Art. 12a Abs. 4 S. 2 GG: Frauen ... „dürfen auf keinen Fall zum Dienst mit der Waffe verpflichtet werden".
121 *C. Tomuschat*, Das Europa der Richter, in: FS Ress, 2005, S. 857 (872); kritisch auch *T. Stein*, Anmerkung: Tanja Kreil/Bundesrepublik Deutschland, EuZW 2000, 213 f. Demgegenüber die Entscheidung des EuGH verteidigend u.a. *C. Stahn*, Streitkräfte im Wandel – Zu den Auswirkungen der EuGH-Urteile

Auswirkungen auf nationales Verfassungsrecht und nationale Verfassungs-gerichtsbarkeit kritisieren[122] und sich zu der Aussage veranlasst sehen, auch der EuGH solle in seiner Rechtsprechung auf ein Kooperationsverhältnis hinwirken.[123] Das macht die ihr zu Grunde liegende Richtlinie – und erst recht die Entscheidung des EuGH – aber nicht zu einem „ausbrechenden Rechtsakt".[124]

cc. Konsequenzen: Der Souveränitätsvorbehalt als „Notfall"-Vorbehalt

Festzuhalten bleibt, dass das Bundesverfassungsgericht sich sowohl im Grundrechtsbereich als auch hinsichtlich der Überschreitung der der Union übertragenen Kompetenzen eine Kontrollkompetenz vorbehält. Diese jetzt auch als Souveränitätsvorbehalt bezeichnete Zuständigkeit wird allerdings keineswegs extensiv verstanden, sondern dient allein dazu, dem Gericht einen letzten Zugriff für den (Not-)Fall zu erhalten. Im Bereich der Grundrechte erfolgt die Prüfung lediglich im Rahmen des „Koope-rationsverhältnisses", hinsichtlich „ausbrechender Rechtsakte" bleibt eine Konkretisierung abzuwarten.

3. Andere Oberste oder Verfassungsgerichte

Die Sichtweise des Bundesverfassungsgerichts hat europaweit Schule gemacht. Unter der wohl gemeinsamen Grundannahme, dass die Geltung europäischen Rechts im Staat sich von der Verfassung ableitet, wird eine Kontrollmöglichkeit freilich in sehr unterschiedlichem Umfang ange-nommen.[125] Beispielhaft sei die jüngere Rechtsprechung des Obersten

---

Sirdar und Kreil auf das deutsche Recht, EuGRZ 2000, S. 121 (125 f., 129); *V. Götz*, Anmerkung: Urteile Sirdar und Kreil, JZ 2000, S. 413 (416).

122 So *J. Schwarze*, Der Grundrechtsschutz durch den EuGH, NJW 2005, S. 3460 (3462); allgemein hierzu *R. Kanitz/P. Steinberg*, Grenzenloses Gemeinschafts-recht? Die Rechtsprechung des EuGH zu Grundfreiheiten und Unionsbürgerschaft als Kompetenzproblem, EuR 2003, S. 1013 ff.

123 *J. Schwarze*, Grundrechtsschutz (Fn. 122), S. 3462.

124 So aber *R. Scholz*, Frauen an die Waffekraft Europarechts? – Zum Verhältnis von Art. 12a Abs. 4 S. 2 GG zur EU-Gleichbehandlungsrichtlinie, DÖV 2000, S. 417 (419 f.). Wie hier *C. Stahn*, Streitkräfte (Fn. 121), S. 125 f., 129

125 Vgl. hierzu die umfassende Analyse bei *F. C. Mayer*, Kompetenzüberschreitung (Fn. 1), S. 140-273; *ders.*, The European Constitution and the Courts (Fn. 1), S. 301 ff.; *M. Claes*, National Courts' Mandate (Fn. 1), S. 594-645; *A. Celotto*, Derecho UE y derecho nacional: Primauté vs. Contralímites, in: M. Cartabia/B. de Witte/P. Pérez Tremps, Constitución Europea y Constituciones Nacionales, 2005, S. 287-372; s. auch die Übersicht bei *C. Grabenwarter*, Staatliches Unionsverfassungsrecht, in: A. v. Bogdandy, Europäisches Verfassungsrecht, 2003, S. 283 (284 ff.).

Dänischen Gerichtshofs (dazu a.), des französischen Verfassungsrats (dazu b.), des spanischen Verfassungsgerichts (dazu c.) und des polnischen Verfassungsgerichtshofs (dazu d.) betrachtet.[126]

a. Der Oberste Dänische Gerichtshof

Im Jahre 1998 entschied der Oberste Dänische Gerichtshof zur Vereinbarkeit des Vertrags von Maastricht im Hinblick auf Umfang und Grenzen der darin erfolgten Kompetenzzuweisung an die Europäische Union:

> „Die dänischen Gerichte können daher einen Rechtsakt der Gemeinschaft für in Dänemark unanwendbar erklären, falls die außergewöhnliche Situation entstehen sollte, dass mit der notwendigen Sicherheit festgestellt werden kann, dass ein Rechtsakt der Gemeinschaft, der vom Gerichtshof bestätigt wurde, auf einer Anwendung des Vertrages gegründet ist, die außerhalb der vom Beitrittsgesetz bewirkten Souveränitätsübertragung liegt …[127]

Bedeutsam ist hier, dass zunächst vorausgesetzt wird, dass der EuGH bereits mit der Frage befasst gewesen ist, bevor ein dänisches Gericht selbst urteilt. Wie im Maastricht-Urteil des Bundesverfassungsgerichts wird zudem nur von der Anwendbarkeit der fraglichen europäischen Norm im Lande, nicht aber von der Gültigkeit oder einer etwaigen Nichtigerklärung gesprochen. Beides zeugt vom Respekt der vom EuGH entwickelten Grundsätze. Es bleibt indessen der grundsätzliche Vorbehalt. Dass auch das dänische Gericht seine Zuständigkeit restriktiv zu behandeln gedenkt, folgt aus der Beschränkung auf die „außergewöhnliche Situation", dass eine Kompetenzüberschreitung „mit der notwendigen Sicherheit festgestellt werden kann". Der Macht der Union wird damit eine innerstaatliche „Gegenmacht"[128] entgegengestellt, die eine hierarchische Unterwerfung unter das europäische Recht ausschließt, seiner – vorrangigen – Geltung die grundsätzliche Anerkennung aber nicht versagt.

---

126 Auch das Verfassungsgericht der Tschechischen Republik hat sich offenbar die Rechtsprechung des Bundesverfassungsgerichts zum Vorbild genommen, wenn es im Zucker-Quoten-Urteil vom 8.3.2006, Pl. ÚS 50/04 einen Vorbehalt der Prüfung europäischer Verordnungen bei gravierenden Grundrechtsverstößen macht. In einem Urteil zum europäischen Haftbefehl tendiert es indessen zu einer Einordnung des Unionsrechts in den Bereich des supranationalen Rechts, wenn es die dritte Säule unter Art. 10a der tschechischen Verfassung, der für die Übertragung von Hoheitsrechten gilt, einordnet.

127 Urteil des Dänischen Obersten Gerichtshofs v. 6. 4. 1998, in Übersetzung von *R. Hofmann*, in: EuGRZ 1999, S. 49 (52).

128 Zu den Begriffen Macht und Gegenmacht als „Leitbegriffe von Verfassung" s. *F. C. Mayer*, Macht und Gegenmacht in der Europäischen Verfassung. Zur Arbeit des Europäischen Verfassungskonventes, ZaöRV 63 (2003), S. 59 (68).

b. Der französische Verfassungsrat

Noch zurückhaltender urteilte der französische Conseil Constitutionnel, dem durch Art. 54 der französischen Verfassung eine Überprüfung von Sekundärrecht untersagt ist,[129] zur Prüfung der E-Commerce-Richtlinie im Jahre 2004:

> „Art. 88-1 der Verfassung bestimmt: ‚Die Republik beteiligt sich an den Europäischen Gemeinschaften und an der Europäischen Union, von Staaten errichtet, die sich mit den jeweiligen Gründungsverträgen aus freiem Willen dazu entschieden haben, bestimmte Kompetenzen gemeinsam auszuüben‘; von daher resultiert die Umsetzung einer Richtlinie des Gemeinschaftsrechts in das interne Recht aus einem Erfordernis der Verfassung, dem lediglich eine ausdrückliche gegenteilige Bestimmung der Verfassung entgegengesetzt werden könnte; bei Fehlen einer solchen Bestimmung kommt es ausschließlich dem im Rahmen des Vorlageverfahrens angerufenen europäischen Richter zu, die Vereinbarkeit einer Richtlinie sowohl mit den durch die Verträge bestimmten Kompetenzen wie auch mit den in Art. 6 des Vertrags über die Europäische Union garantierten Grundrechten zu überwachen".[130]

Hier wird der Vorrang des Gemeinschaftsrechts klar anerkannt, wenngleich nicht im Sinne einer Autonomie wie der EuGH sie sieht, sondern auf Grund des Rechtsanwendungsbefehls der nationalen Verfassung. Nur eine ausdrückliche gegenteilige Bestimmung der Verfassung aber kann Grundlage einer Einschränkung sein.

Dies bestätigt der Verfassungsrat in seiner Entscheidung vom November 2004 über die Vereinbarkeit des Vertrags über eine Verfassung für Europa mit der französischen Verfassung, in dem das Gericht sich speziell zu Art. I-6 VVE äußerte. Es liest diese in den Verfassungsvertrag ausdrücklich eingefügte Vorrangklausel[131] in Zusammenhang mit der Identitätsklausel des Art. I-5 und im Lichte der Erklärung der Regierungskonferenz zum Vorrangprinzip. Danach ergebe sich

> „aus der Gesamtheit der Vertragsbestimmungen und insbesondere aus der Zusammenschau der Artikel I-5 und I-6, dass der Vertrag weder die Natur

---

129 *J. H. Reestman*, France – Conseil constitutionnel on the Status of (Secondary) Community Law in the French Internal Order. Decision of 10 June 2004, 2004-496 DC, European Constitutional Law Review 2005, S. 302 (303).

130 Conseil constitutionnel, Décision 2004-496 DC du 10 juin 2004, Loi pour la confiance dans l'économie numérique, Journal officiel 22.6.2004, 11182, in Übersetzung von *F. C. Mayer* abgedruckt in: EuR 2004, 921 (922); vgl. auch die Besprechung des Urteils von *J. H. Reestman* (Fn. 129), S. 302 ff.

131 Art. I-6 des Entwurfes über eine Verfassung für Europa hält fest: „Die Verfassung und das von den Organen der Union in Ausübung der der Union übertragenen Zuständigkeiten gesetzte Recht haben Vorrang vor dem Recht der Mitgliedstaaten".

der Europäischen Union, noch die Tragweite des Prinzips des Vorrangs von Unionsrecht, wie sie sich den oben genannten Entscheidungen des Verfassungsrates zufolge aus Artikel 88-1 der Verfassung ergibt, modifiziert: Deswegen erfordert Artikel I-6 des dem Verfassungsrat zur Prüfung vorgelegten Vertrags keine Verfassungsänderung".[132]

Hervorzuheben ist hier die Verbindung der Identitätsklausel des Art. I-5 VVE mit der Vorrangklausel des Art. I-6 VVE. Erstere wird verstanden als Klarstellung, dass eine bundesstaatliche Ordnung nicht beabsichtigt sei, und daraus folgt, dass der Vorrang nicht als Überordnung zu verstehen ist.[133] Soweit es also bei dem Nebeneinander zweier formal getrennter – und doch aufeinander bezogener – Rechtsordnungen bleibt, ändert Art. I-6 VVE nichts Grundsätzliches.[134]

Eine Unklarheit ergibt sich allerdings daraus, dass der französische Verfassungsrat sich ausdrücklich auf die Erklärung der Regierungskonferenz zu Art. I-6 VVE beruft, um zu belegen, dass durch die Verfassung für Europa keine Rechtsänderung hinsichtlich des Vorrangsprinzips erfolgte. Die Klausel lautet:

„Die Konferenz stellt fest, dass Artikel I-6 die geltende Rechtsprechung des Gerichtshofs der Europäischen Gemeinschaften und des Gerichts erster Instanz zum Ausdruck bringt".

In der Tat ändert sich damit also nichts an der Rechtslage. Allein der Verweis der Regierungskonferenz auf die Rechtsprechung des EuGH, die gerade die sehr weitgehende Autonomie des Gemeinschaftsrechts festschreibt, könnte indessen die Schlussfolgerung erlauben, dass die Mitgliedstaaten (oder jedenfalls ihre Regierungen) tatsächlich der sehr weitgehenden Autonomie- und Vorrangthese des EuGH folgen wollen. Die Vorbehalte, wie sie in der Rechtsprechung der obersten Gerichte aufgestellt werden, wären damit nicht ohne weiteres aufrecht zu erhalten.

c. Das spanische Verfassungsgericht

Besonders aufschlussreich ist das Parallel-Urteil des spanischen Verfassungsgerichts zum Vertrag über eine Verfassung für Europa. Auch dieses Gericht stellt die Vorrangklausel in den Zusammenhang mit der Identitätsklausel und weist daneben auf die im Vertrag verbürgten Werte und Grundrechte

---

132 Conseil constitutionnel, Décision n° 2004-505 DC du 19 novembre 2004 (Traité établissant une Constitution pour l'Europe), in Übersetzung von F. C. Mayer, EuR 2004, S. 911 (914); vgl. die Besprechungen F.C. Mayer, Europarecht als französisches Verfassungsrecht, EuR 2004, 925 ff., sowie von G. Carcassonne, Case-Note, European Constitutional Law Review 2005, S. 293 ff.
133 Ebenso die Wertung von Carcassonne, Case-Note (Fn. 132), S. 295.
134 Ebd., S. 295.

hin. Das Gericht geht von einer strikten Parallelität des Grundrechtsschutzes aus: Jede durch europäische Akte erfolgende Beeinträchtigung der grundlegenden Verfassungsstrukturen eines Mitgliedstaats, wie sie nach Art. I-5 VVE zu respektieren sind, bedeute danach zugleich auch eine Verletzung der europäischen Verfassung:

> „Die Kompetenzen, deren Ausübung der Europäischen Union übertragen wird, (könnten) nicht ohne Verstoß gegen den Vertrag selbst als Grundlage für das Zustandekommen gemeinschaftsrechtlicher Normen dienen, die Werten, Prinzipien oder Grundrechten unserer (d.h. der spanischen) Verfassung widersprächen."[135]

Der Vorrang des Gemeinschaftsrechts, der sich ausdrücklich aus Art. 93 der spanischen Verfassung ergibt, sei nicht hierarchisch sondern funktional zu verstehen und ausdrücklich auf den „Bereich der den europäischen Institutionen zugewiesenen Kompetenzausübung" begrenzt. Er

> „stellt sich nicht als hierarchische Überordnung, sondern als ein ‚existenzielles Erfordernis‘ dieses Rechts dar, um in der Praxis die unmittelbare Geltung und die einheitliche Anwendung in allen Staaten zu erreichen."[136]

Von dieser Kategorie des Vorrangs – als *primacía* bezeichnet und Ausdruck des Anwendungsvorrangs –, unterscheidet das Gericht im Hinblick auf Art. 9 Abs. 1 der spanischen Verfassung die Kategorie der Vorherrschaft – *supremacía*. Damit meint es den

> „hierarchisch höherrangigen Charakter einer Norm, auf Grund dessen sie Geltungsgrund der ihr nachgeordneten Normen ist, mit der Folge der Ungültigkeit der niedrigeren Normen, wenn sie gegen das in der höherrangigen Norm zwingend Angeordnete verstoßen. Der Vorrang (*primacía*) dagegen behauptet sich nicht notwendigerweise über Hierarchie, sondern besteht in der Unterscheidung der Anwendungsbereiche verschiedener, grundsätzlich gültiger Normen, von denen trotzdem die eine oder einige die Fähigkeit besitzen, andere aus verschiedenen Gründen aufgrund ihrer vorzugsweisen oder vorübergehenden Anwendung zu verdrängen."[137]

Damit löst das spanische Verfassungsgericht das Vorrangproblem über die *primacía*, während die *supremacía* der Verfassung unberührt bleibt. Auch aus spanischer Sicht bildet das europäische Recht also eine eigene Rechtsordnung neben dem spanischen (Verfassungs-)Recht,[138] wobei seine innerstaatliche Geltung auf dem Rechtsanwendungsbefehl der Verfassung

---

135 Urteil des Tribunal Constitucional, Erklärung DTC 1/2004 v. 13. Dez. 2004, nach der Übersetzung von *A. C. Becker*, EuR 2005, S. 339 (345); vgl. dazu *A. C. Becker*, Vorrang versus Vorherrschaft – Anmerkung zum Urteil des spanischen Tribunal Constitucional DTC 1/2004, EuR 2005, S. 353 (355).
136 Tribunal Constitucional (Fn. 135), S. 343.
137 Ebd., S. 346.
138 Vgl. näher *A. C. Becker*, Vorrang (Fn. 135), S. 359 f.

beruht. Insofern stelle die Vorrangklausel des Art. I-6 VVE kein Problem dar. Allerdings fügt das Gericht mit ähnlichen Worten wie das oberste dänische Gericht einen Vorbehalt eigener Prüfungszuständigkeit hinzu:

> „Für den kaum denkbaren Fall, dass das Recht der Europäischen Union in seiner weiteren Entwicklung nicht mehr mit der spanischen Verfassung in Einklang zu bringen wäre, ohne dass die hypothetischen Überschreitungen des europäischen Rechts hinsichtlich der eigenen europäischen Verfassung über die dort vorgesehenen herkömmlichen Rechtsbehelfe behoben würden, könnte die Wahrung der Souveränität des spanischen Volkes und der Vorherrschaft (*supremacía*), mit der sich die Verfassung versehen hat, in letzter Instanz von diesem Gerichtshof verlangen, die Probleme ... die aus der aktuellen Perspektive als inexistent angesehen werden, über die einschlägigen verfassungsrechtlichen Verfahren anzugehen".[139]

Auch hier bleibt also, trotz der Unterscheidung von Vorrang und Vorherrschaft, dann doch der – zurzeit theoretische – Vorbehalt einer Prüfung. Bei allen Versuchen, den praktischen Fall als überaus unwahrscheinlich darzustellen, bedeutet dies, dass sich auch das spanische Verfassungsgericht eine Art Notbremse vorbehält.[140] Dabei hätte es die Möglichkeit gegeben, durch Verfassungsänderung die Rechtslage endgültig zu klären: zugunsten eines umfassenden Anwendungsvorrangs auch vor der Verfassung.[141] Stattdessen verweisen die spanischen Richter auf das neue Austrittsrecht nach Art. I-60 VVE als „Kontrapunkt zu Art. I-6" VVE, dessen Ausübung dem „höchsten, souveränen Willen der Mitgliedstaaten" vorbehalten bleibe.

d. Der polnische Verfassungsgerichtshof

Auch der polnische Verfassungsgerichtshof nimmt im äußersten Falle den Austritt aus der Union in den Blick – unabhängig freilich von der erst mit Art. I-60 VVE einzuführenden Austrittsklausel. In seinem Urteil vom 11. Mai 2005 ging es um den Beitrittsvertrag, mit dem Polen Mitglied der EU wurde. Zwar ließ das Gericht den Beitrittsvertrag im Ergebnis passieren. Einen Vorrang des Gemeinschaftsrechts im Fall einer Kollision mit dem polnischen Verfassungsrecht lehnte es indessen ausdrücklich ab. Dazu führte das Gericht aus:

> „13. Eine solche Kollision läge vor, wenn es zu einem nicht überwindbaren Widerspruch zwischen einer Verfassungsnorm und einer Norm des Gemeinschaftsrechts kommen würde – dem Widerspruch, dem man nicht

---

139 Tribunal Constitucional (Fn. 135), S. 347.
140 Ähnl. spricht auch *C. B. Schutte*, Spain – Tribunal Constitucional on the European Constitution. – Declaration of 13 December 2004, European Constitutional Law Review 2005, S. 281 ff. (291), von „emergency brake".
141 *C. B. Schutte*, Spain (Fn. 140), S. 291.

durch Auslegung abhelfen kann, welche die verhältnismäßige Autonomie des europäischen und des innerstaatlichen Rechts berücksichtigt. Eine Kollision dieser Art kann keinesfalls durch die Annahme des Vorrangs der Regelungen des Gemeinschaftsrechts gegenüber denen der Verfassung beseitigt werden. Sie kann auch nicht dadurch gelöst werden, dass die geltende Verfassungsnorm ipso iure außer Kraft tritt oder nur noch für Bereiche gilt, die von der ihr zuwiderlaufenden Gemeinschaftsregelung nicht erfasst sind. In einer solchen Situation müsste vielmehr das Volk als Souverän oder das zur Vertretung des Volkes von Verfassungs wegen befugte Organ der staatlichen Gewalt die Entscheidung treffen, ob die Verfassung geändert wird, entsprechende Änderungen in den gemeinschaftlichen Regelungen angestrebt werden oder – im äußersten Fall – Polen aus der Europäischen Union austritt.

14. Das in der Rechtsprechung des Verfassungsgerichtshofs entwickelte Prinzip der „integrationsfreundlichen" Auslegung des innerstaatlichen Rechts hat seine Grenzen. Es darf keineswegs zu Ergebnissen führen, die im Widerspruch zum eindeutigen Wortlaut der Verfassungsvorschriften stehen würden oder mit dem Mindestmaß an den durch die Verfassung zu verwirklichenden Garantien unvereinbar wären. Insbesondere darf der Wesensgehalt der verfassungsmäßig verbürgten Rechte und Freiheiten des Einzelnen durch Gemeinschaftsregelungen nicht angetastet werden."[142]

Wie für den Fall der vorgängigen Prüfung der Verfassungsmäßigkeit der jeweiligen Vertragsänderung in Spanien und Frankreich wird die Möglichkeit der Verfassungsänderung ins Auge gefasst, hier indessen auch im Falle eines später auftretenden Widerspruchs zur polnischen Verfassung. Erster Anwendungsfall ist das Urteil des Verfassungsgerichtshofs zur Vereinbarkeit des europäischen Haftbefehls mit der polnischen Verfassung vom 27. April 2005, das durch eine „unionsfreundliche" Vorgehensweise geprägt ist.[143] Zwar stellte der Verfassungsgerichtshof fest, dass das polnische Umsetzungsgesetz das Verbot der Auslieferung polnischer Staatsangehöriger gemäß Art. 55 der Verfassung verletzt. Aus diesem Grunde sei jedoch

„im Lichte des Art. 9 der Verfassung (aus dem sich die Pflicht zum Respekt des für Polen verbindlichen internationalen Rechts ergibt, Anm. d. Verf.) und auf Grund der Pflichten Polens, die sich aus seiner Mitgliedschaft in

---

142 Urteil des polnischen Verfassungsgerichtshofs vom 11.5.2005, K 18/04, insbesondere Ziff. 11 und 13. Zitat aus der nicht-offiziellen Zusammenfassung des Urteils, Ziff. 13 und 14, im Internet abrufbar unter: http://www.trybunal.gov. pl/eng/summaries/documents/K_18_04_DE.pdf. Das Urteil ist auch abgedruckt in *B. Banszkiewicz* (Hrsg.), Entscheidungen des Verfassungsgerichtshofes der Republik Polen seit dem Inkrafttreten der neuen Verfassung bis zum Urteil über die EU-Mitgliedschaft (1997-2005), 2006, S. 309 ff.

143 So auch die Einschätzung von *J. Komárek*, European Arrest Warrant (Fn. 104) S. 5, 14, der allerdings bedauert, dass der Verfassungsgerichtshof nicht alle Möglichkeiten genutzt habe, die polnische Verfassung in Einklang mit dem Unionsrecht auszulegen, um einen Konflikt ganz zu vermeiden, S. 12 ff.

der Europäischen Union ergeben, ... eine Änderung des geltenden Rechts notwendig, die eine völlige, aber gleichzeitig verfassungskonforme Umsetzung des Rahmenbeschlusses ... ermöglicht."[144]

Auf Grund dieser Pflichten und der großen Bedeutung der Völker- und Europarechtstreue des Landes für seine Glaubwürdigkeit in den internationalen Beziehungen, aber auch um nachteilige Folgen für die justizielle Kooperation und Gefahren für die öffentliche Sicherheit zu vermeiden, gewährte der Verfassungsgerichtshof hier für die erforderlichen (Verfassungs-)Änderungen dem Gesetzgeber gemäß Art. 190 der Verfassung eine Frist von 18 Monaten, während derer die geltenden Bestimmungen in Kraft bleiben konnten.[145]

Der polnische Verfassungsgerichtshof lässt sich den grundsätzlichen Vorrang der polnischen Verfassung also nicht streitig machen; mit den Mitteln der Verfassung selbst aber findet er einen Weg, um – anders etwa als das Bundesverfassungsgericht – konkrete negative Konsequenzen aus dem Konflikt und einen Verstoß gegen den Rahmenbeschluss zu vermeiden. Damit konnte es sowohl dem Geltungsanspruch des europäischen Rechts als auch dem der nationalen Verfassung gerecht werden.

IV. Konzeptionelle Konsequenzen

Allen hier zitierten obersten Gerichten der Mitgliedstaaten ist gemeinsam, dass sie die Geltung des europäischen Rechts im innerstaatlichen Bereich auf diese oder jene Weise auf eine Anordnung der nationalen Verfassung gründen, wobei die formale Eigenständigkeit des europäischen Rechts neben dem nationalen Recht mehr oder weniger ausdrücklich anerkannt wird. Der polnische Verfassungsgerichtshof ist insofern besonders deutlich:

„12. Das Konzept und das Modell des Europarechts schufen eine neue Situation, in der in jedem Mitgliedstaat zwei autonome Rechtssysteme nebeneinander

---

144 Urteil des polnischen Verfassungsgerichtshofs vom 27.4.2005, P 1/05, Ziff. 10, im Internet abrufbar unter: http://www.trybunal.gov.pl/eng/summaries/documents/P_1_05_DE.pdf; bei B. Banszkiewicz, Entscheidungen (Fn. 142), S. 300 ff.

145 Vgl. ebd., Ziff. 17: „Das Rechtsinstitut des Europäischen Haftbefehls ist von wesentlicher Bedeutung für das korrekte Funktionieren der Justiz und vor allem – als eine Form der gemeinsamen Bekämpfung der Kriminalität durch die Mitgliedsstaaten – für die Stärkung der Sicherheit. Deswegen soll die Sicherung seiner Anwendbarkeit die höchste Priorität für den polnischen Gesetzgeber sein. Die Nichtvornahme notwendiger gesetzgeberischer Maßnahmen innerhalb der im Teil II des vorliegenden Urteils bezeichneten Frist stellte nicht nur eine Verletzung der Verfassungspflicht Polens dar, das verbindliche Völkerrecht zu befolgen, sondern könnte auch ernsthafte Folgen im Rahmen des EU-Rechtssystems haben."

gelten. Ihr wechselseitiges Verhältnis kann nicht vollkommen mit Hilfe der herkömmlichen Begriffe des Monismus und des Dualismus charakterisiert werden... Auch wenn die beiden Rechtssysteme (das innerstaatliche und das gemeinschaftliche) relativ autonom sind, stehen sie in einem Wechselwirkungs-verhältnis zueinander. Es ist auch nicht ausgeschlossen, dass es zu Kollisionen zwischen dem Gemeinschaftsrecht und der Verfassung kommt."[146]

Auch das spanische Verfassungsgericht sieht sich nicht gehindert, über den von Art. 93 der spanischen Verfassung ausdrücklich anerkannten Anwendungsvorrang das europäische Recht als autonome Rechtsordnung neben das spanische Verfassungsrecht zu stellen:[147]

> „Die Vorherrschaft (*supremacía*) ist also mit Anwendungsregimen vereinbar, die den Normen einer anderen als der nationalen Rechtsordnung Anwendungsprä-ferenz verleihen, vorausgesetzt, dass die Verfassung es selbst so bestimmt hat."[148]

Dabei wird vom dänischen Obersten Gerichtshof sowie vom polnischen und vom spanischen Verfassungsgericht der Vorbehalt einer Nichtan-wendung von europäischem Recht für die Fälle betont, in denen ein grundlegender Konflikt mit wesentlichen Normen des nationalen Verfas-sungsrechts, insbesondere Grundrechten gegeben ist,[149] und das polnische Verfassungsgericht betont ähnlich wie das Bundesverfassungsgericht auch seine Kompetenz zur Überprüfung der Einhaltung der Grenzen der der Union übertragenen Kompetenzen:[150]

> „Die Mitgliedstaaten behalten das Recht zu beurteilen, ob die Rechtset-zungsorgane der Gemeinschaften (der Union) beim Erlass der jeweiligen Rechtsvorschriften in den Grenzen der ihnen erteilten Befugnisse handelten und ob sie dabei die Grundsätze der Subsidiarität und der Verhältnismäßigkeit beachteten. Vorschriften, die über diese Grenzen hinausgehen, haben keinen Vorrang vor denen des innerstaatlichen Rechts."

Diese Auffassung muss sich vorhalten lassen, dass mit Art. 230 bzw. Art. 234 EG dem europäischen Gerichtshof die Zuständigkeit zu dieser Prüfung übertragen wurde, und der Umkehrschluss aus Art. 240 EG macht deutlich, dass diese Zuständigkeit auch ausschließlich ist. Eine Prüfung von Gemeinschaftsrecht durch nationale Gerichte widerspricht also grundsätzlich dem Vertrag und fällt nicht in ihre Zuständigkeit.[151] Zu Recht bemerkte der frühere Verfassungsrichter *Helmut Steinberger*, Europa dulde keinen „Praeceptor".[152]

---

146 Polnischer Verfassungsgerichtshof, Urt. v. 11.5.2005 (Fn. 142), Ziff. 12 (S. 315).
147 Vgl. näher *A. C. Becker*, Vorrang (Fn. 135), S. 359 f.
148 Tribunal Constitucional (Fn. 135), S. 346.
149 Polnischer Verfassungsgerichtshof, Urt. v. 11.5.2005 (Fn. 142), Ziff. 14 (S. 315 f.).
150 Ebd., Ziff. 15 (S. 316).
151 *G. Hirsch*, Spannungsverhältnis (Fn. 1), S. 1819.
152 *H. Steinberger*, Anmerkungen zum Maastricht-Urteil des Bundesver-

Andererseits lässt sich den Verfassungsgerichten wohl kaum verbieten, die *essentialia* ihrer Verfassungen zu schützen.[153] Möglicherweise entspricht diese Inanspruchnahme einer – ggf. subsidiären – Kontrollkompetenz der innerstaatlichen Gerichte auch der generellen Beobachtung von *Kumm*, dass nationale Gerichte glauben, nicht anders handeln zu können als allein unter der Regie der nationalen Verfassung, die für sie nach wie vor die höchstrangige Norm ist.[154] Das nationale wie das europäische Verfassungsrecht beanspruchen also je für sich nach der internen Logik ihres Rechtssystems die Rolle als höherrangiges Recht. Entsprechend unterscheiden sich auch die Auffassungen über die Letztentscheidungsbefugnis. Beide Positionen stehen sich scheinbar unvereinbar gegenüber. Dieses Dilemma wurde vielfach beschrieben.[155]

Versuche, eine Lösung hierzu auf der Grundlage kelsenianischer Rechtstheorie zu finden, erscheinen für den europäischen Verfassungsverbund wenig überzeugend (dazu 1.). Mehr versprechen Ansätze, die den Pluralismus der Rechtsordnungen anerkennen, und damit das Dilemma zum Prinzip machen und eine Lösung im Sinne der gegenseitigen Rücksichtnahme suchen (dazu 2.). Im Europäischen Verfassungsverbund

---

fassungsgerichts, in: P. Hommelhoff/P. Kirchhof (Hrsg.), Der Staatenverbund der Europäischen Union, 1994, S. 25: Vorbehalte zu den Passagen, „in denen das Gericht den Anschein erwecken könnte, es schlüpfe gleichsam in die Rolle eines Praeceptor Europae. Gerade Europa aber akzeptiert keine Praeceptoren – und das nicht erst sei Napoleon Bonaparte". S. auch ebd., S. 33, „daß das vom Bundesverfassungsgericht in Anspruch genommene Interpositionsrecht gegen Art. 164 EGV und die Pflicht zur Gemeinschaftstreue aus Art. 5 EGV verstoße". Krit. auch *M. Zuleeg*, Bananen (Fn. 93), S. 1206 f.

153 *G. Hirsch*, Spannungsverhältnis (Fn. 1), S. 1819; ähnl. *J. Komárek*, European Arrest Warrant (Fn. 104), S. 5, der glaubt, dass Theorien von Verfassungs-/Rechtsordnungspluralismus wie die von *M. P. Maduro* und *M. Kumm* (s. hierzu unten S. 47 ff.) von Verfassungsgerichten kaum akzeptiert werden, weil diese per definitionem ihre Verfassungen vor Eingriffen schützen, insbesondere wo es substanziell um die Legitimität der staatlichen Macht geht: die Sicherheit der Bürger und die öffentliche Ordnung wie im Bereich der dritten Säule.

154 *M. Kumm*, The Jurisprudence of Constitutional Conflict: Constitutional Supremacy in Europe before and after the Constitutional Treaty, ELJ 11 (2005), S. 262, 269 ff., 281 ff.

155 Vgl. nur *P. Kirchhof*, Rechtsschutz durch Bundesverfassungsgericht und Europäischen Gerichtshof, in: D. Merten, Föderalismus und Europäische Gemeinschaften, 1990, S. 109 ff.; *M. P. Maduro*, Contrapunctual Law: Europe's Constitutional Pluralism in Action, in: N. Walker (ed.) Sovereignty in Transition, 2003, S. 501 ff., *ders.*, Europe and the Constitution, in: J. H. H. Weiler/M. Wind (eds.), European Constitutionalism Beyond the State, 2003, S. 74 (95 ff.); *M. Kumm*, Jurisprudence (Fn. 153), S. 263 ff..

kann so das Verhältnis der europäischen zu den nationalen Gerichten als Kooperationsverhältnis ohne Hierarchie beschrieben werden, deren gemeinsame Aufgabe es ist, die gemeinsamen Grundsätze und Werte sowie die Freiheiten und Rechte der Bürgerinnen und Bürger unter Achtung der Zuständigkeiten der jeweils anderen Seite zu gewährleisten (dazu 3.).

1. Kelsens Normenpyramide: ein Irrweg für Europa

Nach der Terminologie von *Hans Kelsen* würde das Dilemma in der Vorrangfrage des europäischen Rechts – vereinfacht gesagt – auf dem Fehlen einer gemeinsamen Grundnorm beruhen, aus der die Geltung allen Rechts innerhalb eines Rechtssystems abgeleitet ist.[156] Europäisches Recht und innerstaatliches Recht sind indessen unbestritten und wie sich auch aus der zitierten Rechtsprechung der obersten Gerichte ergibt, jedenfalls formal zwei getrennte Rechtsordnungen. Das europäische Recht kann innerstaatlich also nur Geltung beanspruchen, wenn und soweit die nationale Verfassung jeweils diese Geltung anordnet. Damit verliert das Gemeinschaftsrecht indessen seine Autonomie und die Garantie der effektiven allgemeinen, einheitlichen Anwendung, wie sie die Gleichheit vor dem Gesetz fordert und was die Voraussetzung seiner Anerkennung als Recht ist.

Das Bild einer von einer Grundnorm ausgehenden einzigen Normenpyramide im Sinne der von Kelsen geprägten Rechtstheorie mag für das Rechtssystem eines Staates Erklärungswert haben. Es ist aber nicht geeignet, das Normensystem der Europäischen Union mit zwei ineinander verschränkten Rechtsebenen zu erklären, deren Normen jeweils von denselben Rechtssubjekten ausgehen, die ihnen auch unterworfen sind. Schon für den Bundesstaat gerät dieses Bild jedenfalls dann in Schwierigkeiten, wenn dem

---

156 Die Theorie der Grundnorm wurde von *H. Kelsen* Mitte der zwanziger Jahre in seine Rechtslehre eingeführt, erstmals in seiner Allgemeinen Staatslehre, 1925. In den folgenden Jahren stellte er sie dann erneut vor, etwa im Vorwort zur zweiten Auflage seiner (zuerst 1920 erschienenen) Souveränitätsschrift (*H. Kelsen*, Das Problem der Souveränität und die Theorie des Völkerrechts. Beiträge zu einer reinen Rechtslehre, 2. Aufl. 1928) sowie in *H. Kelsen*, Die philosophischen Grundlagen der Naturrechtslehre und des Rechtspositivismus, 1928. Eine umfassende systematische Darstellung der Grundnormtheorie im Rahmen der Reinen Rechtslehre erfolgte dann in der ersten Fassung von *H. Kelsen*, Reine Rechtslehre. Einleitung in die rechtswissenschaftliche Problematik, 1934. *Kelsen* hielt die Einführung der Grundnormtheorie für eine konsequente Fortführung des ursprünglichen Ansatzes der Reinen Rechtslehre, die die Grundlagen des Ansatzes nicht wesentlich veränderte, sondern nur konsequenter entfaltete. Sich ausdrücklich auf Kelsen beziehend und einer monistischen Deutung folgend aber *M. Jestaedt*, Verfassungsverbund (Fn. 40), S. 667 ff.

Recht der Länder eine originäre, nicht von der Bundesverfassung abgeleitete Geltung zuerkannt wird.[157] Noch weniger kann es der Struktur des Europäischen Verfassungsverbunds gerecht werden. Hier kann weder vom uneingeschränkten Vorrang des europäischen Rechts noch vom uneingeschränkten Vorrang der nationalen Verfassung vor allem sonst geltenden Recht quasi als Grundnorm, die dann den Anwendungsbefehl gäbe, ausgegangen werden.[158]

Eine für die Konstitution der Europäischen Union adäquate Lösung kann nur gefunden werden, wenn es gelingt, sich von dem notwendig hierarchischen Staatsmodell zu lösen[159] und die Europäische Union als das zu nehmen, was sie letztlich ist: Ein auf gemeinsames Recht gegründeter Verfassungsverbund, in dem auf freiwilliger Basis bestimmte Politiken im gemeinsamen Interesse aller Unionsbürgerinnen und -bürger durch das Zusammenwirken der Institutionen auf nationaler und europäischer Ebene formuliert und durchgesetzt und Souveränitätsrechte auf beiden Ebenen ausgeübt werden.[160]

---

157 So die allgemeine Auffassung, vgl. dazu etwa: *R. Bernhardt/U. Sacksofsky*, in: BK GG, 84. Lfg. 1998, Art. 31 Rn. 4 ff.; mit der Beschränkung auf kompetenzgemäßes Bundesrecht: *H. Dreier*, in: ders. (Hrsg.), Grundgesetz Kommentar, Bd. II, 2. Aufl. 2006, Art. 31 Rn. 18 f. So sieht das Bundesverfassungsgericht die Bundesländer als „mit eigener – wenn auch gegenständlich beschränkter – nicht vom Bund abgeleiteter, sondern lediglich von ihm anerkannter staatlicher Hoheitsmacht" ausgestattet an (BVerfGE 1, 13 (34); 60, 175 (207), u.a.).

158 Dies ist der Befund auch bei *M. Kumm*, Jurisprudence (Fn. 153), S. 263 ff., 268 ff., mit dem Versuch über einen eigenen Ansatz des „Constitutionalis Beyond the State" eine Lösung zu finden (S. 281 ff.). Anders, selbst ausdrücklich auf der Basis der reinen Rechtslehre von Kelsen: *T. Schilling*, The Jurisprudence of Constitutional Conflict: Some Supplementations to Matthias Kumm, ELJ 12 (2006), 173 (175 ff.)

159 Zur Hierarchie-Frage vgl. *I. Pernice*, Verfassungsrecht (Fn. 25), S. 185 f. S. auch: *F. C. Mayer*, Kompetenzüberschreitung (Fn. 1), S. 62 ff., 74 f.; weiterführend auch *M. P. Maduro*, Europe and the Constitution, (Fn. 155), S. 95 ff., im Anschluss an den pluralistischen Ansatz, wie er von *N. MacCormick*, Beyond the Sovereign State, Modern Law Review 56 (1993), S. 1 ff., entwickelt wurde. Ausführlich, unter Rückgriff auf ein Netzwerkmodell: *A. Peters*, Elemente (Fn. 23), S. 217 ff., 253 ff. S. auch *H. P. Nehl*, Europäisches Verwaltungsverfahren und Gemeinschaftsverfassung. Eine Studie gemeinschaftsrechtlicher Verfahrensgrundsätze unter besonderer Berücksichtigung „mehrstufiger" Verwaltungsverfahren, Berlin 2002, S. 152, für den „... sich eine Normenhierarchie zwischen nationalem und gemeinschaftlichem Verfassungsrecht weder verfassungstheoretisch begründen lässt, noch auf der Basis des hier vertretenen ‚funktionalen' und ‚pluralistischen' Verfassungsverständnisses verfassungspolitisch akzeptabel ist." Krit. aus der Sicht kelsenianischer Rechtstheorie: *M. Jestaedt*, Verfassungsverbund (Fn. 40), S. 662 ff.

160 *M. P. Maduro*, Contrapunctual Law (Fn. 155), S. 505 spricht von "competitive sovereignty".

Geltungsgrund dieses Systems ist nicht eine fiktive Grundnorm sondern die Vernunft und Akzeptanz der betroffenen Menschen selbst, im kontraktualistischen Sinne.[161] Wenn sich in der Verfassung die je betroffenen Menschen als Bürger ihres Gemeinwesens, als Staatsbürger und zusammen mit den Bürgern der anderen Mitgliedstaaten als Unionsbürger definieren, legen sie auch – implizit oder wie jetzt in Art. 6 VVE ausdrücklich – fest, ob und ggf. in welchen Grenzen das Unionsrecht dabei vor dem nationalen Recht Vorrang hat und wer letztlich darüber entscheiden soll. Dies alles ist nicht naturgegeben oder eine Frage der Sachlogik, sondern die Bürgerinnen und Bürger bestimmen das Verhältnis der Rechtsebenen zueinander nach ihrem gemeinsamen Willen in der Verfassung selbst.

Theodor Schilling hält die Abkehr vom Konzept der Grundnorm für eine Revolution im rechtlichen Sinne und verwirft entsprechende Ansätze.[162] Doch die Revolution hat mit der Gründung der Europäischen Gemeinschaft und ihrer supranationalen Rechtsordnung bereits begonnen. Sie beruht auf dem Willen der Bürgerinnen und Bürger der Mitgliedstaaten, die nationalen Institutionen durch supranationale zu ergänzen, über den Staat hinaus gemeinsame, übergreifende Institutionen politischen Wirkens zu schaffen, die nationale Verfassungsordnung durch ein komplementäres Recht zu ergänzen, dessen Wahrung nationalen und europäischen Gerichten gemeinsam zur Aufgabe gemacht ist. Die Vorrangfrage löst sich nicht über den Streit, die Konkurrenz der Gerichte um das letzte Wort, auch nicht mit dem von *Schilling* konstatierten „agreement between the Member State and European courts do disagree".[163] Zu lösen ist sie nur durch die Kooperation aller Gerichte, durch gegenseitige Rücksichtnahme, aber auch Kontrolle, sowie durch die Achtung jeweils der Grenzen der eigenen Zuständigkeit gemäß den Bestimmungen der Verfassungen, auf nationaler und europäischer Ebene.

Den hierin zum Ausdruck gebrachten Willen der Bürgerinnen und Bürger auch hinsichtlich des Vorrangs im Einzelfall vorläufig verbindlich festzustellen, ist Sache der Gerichte. In einer „offenen Gesellschaft der Verfassungsinterpreten" (*Peter Häberle*[164]) unterliegt deren Beurteilung

---

161 Allgemein hierzu unter Auseinandersetzung mit *Thomas Hobbes* und *John Locke*, aber auch die moderne Diskussion einbeziehend *W. Kersting*, Die politische Philosophie des Gesellschaftsvertrags, 1996.

162 *T. Schilling*, Jurisprudence (Fn. 158), S. 187: „...any departure from those grounds would constitute a revolution in the legal sense. Also, any renunciation of the concept of a Grundnorm would make law indistinguishable from general political, or philosophical, discourse".

163 Ebd., S. 187 f.

164 Vgl. *P. Häberle*, Die offene Gesellschaft der Verfassungsinterpreten, JZ 1975, S. 297 ff.; weiterführend: *ders.*, Europäische Verfassungslehre, 4. Aufl. 2006, S. 246 ff.

allerdings einem europaweiten kommunikativen Prozess und damit stets der Kritik durch die Medien, die Wissenschaft und die weitere Öffentlichkeit.[165] Die richterliche Entscheidung muss diese Öffentlichkeit einbeziehen, wenn sie dauerhaft als „Recht" Billigung und Akzeptanz finden will.[166] Sehen die Bürgerinnen und Bürger, vertreten durch ihre demokratisch gewählten Repräsentanten, eine von der Rechtsprechung gefundene Lösung als unerträglich an, kann schließlich eine explizite Klarstellung oder Korrektur durch Verfassungsänderung erfolgen.[167]

2. Rechtsordnungspluralismus und Mehrebenenverfassung

Das grundsätzliche, nicht-hierarchische Nebeneinander europäischen und nationalen Rechts, von dem vorliegend ausgegangen wird, könnte auf die unter dem Stichwort Pluralismus der Rechtsordnungen diskutierten Erklärungs- und Lösungsmodelle zurückgreifen.[168] Die Vertreter des pluralistischen Ansatzes suchen die Entscheidung im Konfliktsfall auf unterschiedliche Weise: Die Streitschlichtung unter Gleichen auf der Basis völkerrechtlicher Grundsätze wird von *Neil MacCormick* als Lösung angeboten,[169] die Einrichtung eines übergeordneten Kompetenzgerichtshofs von *Joseph H. H. Weiler*.[170] Wenn *Anne Peters* ein Netzwerkmodell favorisiert,[171] geht sie doch vom (externen) Vorrang als „Vorzugsregel" aus,

(263 ff., 268 ff.).; vgl. auch *I. Pernice*, Die Dritte Gewalt (Fn. 1), S. 39.

165 Zur auch legitimatorischen Bedeutung dieses „kommunikativen" Prozesses s. *I. Pernice*, Die Dritte Gewalt (Fn. 2), S. 38 ff.

166 Grundsätzlich zu diesem Faktor der Rechtsentwicklung *I. Pernice*, Billigkeit und Härteklauseln im öffentlichen Recht. Grundlagen und Konturen einer Billigkeitskompetenz der Verwaltung, 1991, S. 350 ff.

167 Bekanntestes Beispiel aus dem europäischen Kontext ist sicherlich das „Barber-Protokoll", ABl. 1992 C 191/68, das die Wirkungen der gleichnamigen Rechtsprechung (EuGHE 1990, I-1889 – Barber) auf die Zukunft begrenzte.

168 Vgl. etwa *N. MacCormick*, Questioning Sovereignty. Law, State and Practical Reason, 1999, S. 97 ff.; *N. Walker*, Late Sovereignty in the European Union, in: ders., Sovereignty in Transition, 2003, S. 1 ff. ; *M. P. Maduro*, Contrapunctual Law (Fn. 154); s. auch *G. Hirsch*, EuGH im Spannungsverhältnis (Fn. 1), S. 1818 ff.

169 *N. MacCormick*, Sovereignty (Fn. 168), S. 118 ff., 120.

170 *J. H. H. Weiler*, The European Union Belongs to Its Citizens: Three Immodest Proposals, ELR 22 (1997), S. 150 ff., 155 f.; an diesen Gerichtshof sollen Mitglieder des EuGH und der nationalen Verfassungsgerichte bzw. anderen obersten Gerichtshöfe entsandt werden, die abschließend über Kompetenzstreitigkeiten entscheiden sollen.

171 *A. Peters*, Elemente (Fn. 23), S. 217 ff., 253 ff, für die „die Funktionseinheiten des europäischen Verbundes (die Mitgliedstaaten, die EG, die EU und andere Entitäten) – bildlich gesehen – nebeneinander, nicht übereinander liegen"

„die in manchem der Maßgeblichkeit von Bundesrecht vor Landesrecht ähnelt, in manchem einer kollisionsrechtlichen Verweisungsnorm".[172] An anderer Stelle spricht sie vom „prozeduralen Vorrang" und meint damit die Zentralisierung der Letztentscheidung beim EuGH „bei gleichzeitiger Rückbindung an die nationalen Verfassungsrechte", d.h. vor allem die nach Art. 10 EG bestehende Verpflichtung des EuGH zur „nationalverfassungsrechtskonformen" Auslegung des europäischen Rechts.[173] Wenn der polnische Verfassungsgerichtshof trotz seiner Vorbehalte zum Vorrang auf die „gegenseitige Loyalität zwischen EG und EU einerseits und den Mitgliedstaaten andererseits" hinweist, scheint das in dieselbe Richtung zu gehen. Er führt dazu aus:

> „Daraus ergibt sich die Verpflichtung des EuGH, gegenüber den innerstaatlichen Rechtsordnungen freundlich zu entscheiden, während die Mitgliedstaaten sich um den höchsten Standard der Einhaltung des Gemeinschaftsrechts bemühen müssen".[174]

In ähnlicher Weise liegt das Gebot der Rücksichtnahme auf die essentiellen Verfassungsbestimmungen der jeweils anderen Rechtsebene denjenigen Ansätzen zugrunde, die unter den Stichworten „contrapunctual law" (*Miguel Poiares Maduro)*[175] und „principle of best fit", das *Mattias Kumm* im Rahmen seines „constitutionalism beyond the state" entwickelt hat,[176] vertreten werden. *Maduro* bringt diesen Gedanken auf den Punkt, wenn er fordert, dass auch zwischen den nationalen Gerichten und anderen Akteuren mehr auf die Rechtsordnungen der jeweils anderen Mitgliedstaaten und die europäische Ebene einzugehen ist, insbesondere auch wegen der

---

aber als „polyzentrisches Gebilde" „kein sauber geschichtetes Mehrebenensystem und kein hierarchisches Gebilde, sondern eine sozusagen mitteldichte, kreuz und quer verbundene (eben „vernetzte") Kooperationsform" darstellen.

172 Ebd., S. 219

173 Ebd., S. 255, 284 ff., 289, 295.

174 Polnischer Verfassungsgerichtshof, Urt. v. 11.5.2005 (Fn. 141), Ziff. 16 (S. 316).

175 *M. P. Maduro,* Contrapunctual Law (Fn. 155), S. 524 ff.; s. auch ders., Europe and the constitution (Fn. 155), S. 95 ff., 98 ff. Maduro entwickelt Regeln für die Entscheidungsfindung der nationalen Gerichte, die trotz der unterschiedlichen zugrunde liegenden Rechtsordnungen zu kohärenten Ergebnissen führen sollen, z.B. die Begründung in „universal terms"; s. dazu sogleich.

176 *M. Kumm,* Jurisprudence (Fn. 154), S. 286 ff., geht davon aus, dass nationale und europäische Rechtsordnungen auf den gleichen normativen Idealen wie Freiheit, Gleichheit, Rechtsstaatlichkeit und Demokratie bauen. „The task of national courts is to construct an adequate relationship between the national and the European legal order on the basis of the best interpretation of the principles underlying them both."

gemeinsamen Grundprinzipien und -werte, die das Verfassungsrecht auf nationaler und europäischer Ebene prägen.[177] Erreicht – werden soll dies, indem die Gerichte ihre Entscheidungen in „universal terms" begründen und vergleichbare Urteile in anderen Mitgliedstaaten berücksichtigen. Entsprechend argumentiert *Kumm*, dass Entscheidungen auf der europäischen Ebene so zu treffen seien, dass sie sich möglichst weitgehend in die auch auf mitgliedstaatlicher Ebene wesentlichen Rechtsströmungen und -auffassungen einpassen.[178] Durch Rechtsvergleichung und mehr horizontalen Dialog, mehr Kohärenz könne so eine Europäische Rechtsgemeinschaft,[179] eine Einheit aus der Vielfalt entstehen.[180]

Zur Vermeidung von Konflikten, die nicht nur die einheitliche und gleichmäßige Anwendung des Unionsrechts und seine praktische Wirksamkeit gefährden, sondern auch die Glaubwürdigkeit und Legitimität[181] der Union gegenüber dem Bürger und die Integration in Frage stellen könnten, sind neben der Rücksichtnahme auch die institutionelle Verschränkung der Ebenen und Sicherung der Kohärenz erforderlich. Gerade hierfür bietet die Europäische Union allerdings vielfältige Ansatzpunkte insbesondere von Verschränkungen funktioneller und personeller Art. So ist der EuGH als gesetzlicher Richter nach Art. 101 Abs. 1 S. 2 GG Teil des innerstaatlichen Rechtsschutzsystems[182] und umgekehrt sind nationale Gerichte aufgrund ihrer Aufgaben bei der Umsetzung des Unionsrechts wesentlicher Teil des europäischen Rechtsschutzsystems und damit auch europäische

---

177 *M. P. Maduro*, Contrapunctual Law (Fn. 155) S. 527 ff.; *ders.*, Europe and the Constitution, (Fn. 155), S. 95 ff. (99 f.), vgl. auch *M. Kumm*, Jurisprudence (Fn. 154), S. 286 ff., unter dem Aspekt eines „Principle of Best Fit"; vgl. auch *A. Peters*, Elemente (Fn. 23), S. 325, die eine Parallelisierung der Rechtsprechungen als Lösung ansieht, und *P. Kirchhof*, Rechtsschutz (Fn. 155), S. 110, der homogenere mitgliedstaatliche Verfassungen als Voraussetzung für eine Entschärfung des Konfliktspotentials ansieht.

178 *M. Kumm* Jurisprudence (Fn. 154), S. 286 ff.

179 Vgl. *I. Pernice*, Die Dritte Gewalt (Fn. 1), S. 38 ff.

180 So nennt es *M. Rosenfeld*, Comparing Constitutional Review by the European Court of Justice and the U.S. Supreme Court, in: *I. Pernice/J. Kokott/C. Saunders* (eds.), European Constitutional Law Network-Series Vol. 6 – The Future of the European Judicial System in a Comparative Perspective, 2006, S. 33 (61, 63).

181 *M. Rosenfeld*, Comparing Constitutional Review (Fn. 180), S. 47 f.

182 BVerfGE 73, 339 (367) – *Solange II*: „Die funktionelle Verschränkung der Gerichtsbarkeit der Europäischen Gemeinschaften mit der Gerichtsbarkeit der Mitgliedstaaten zusammen mit dem Umstand, dass die Gemeinschaftsverträge ... Teil der innerstaatlich geltenden Rechtsordnung der Bundesrepublik Deutschland und von ihren Gerichten zu beachten, auszulegen und anzuwenden sind, qualifizieren den Gerichtshof als gesetzlichen Richter im Sinne des Art. 101 Abs. 1 Satz 2 GG ..."

Gerichte.[183] Die europäischen Organe, z.B. die Richter und Generalanwälte am EuGH, werden aus den Mitgliedstaaten aufgrund innerstaatlicher Wahlen und Ernennungsprozeduren besetzt. Auch an der europäischen Gesetzgebung wirken die Vertreter der nationalen Regierungen im Rat mit. Dabei werden sie durch die nationalen Parlamente kontrolliert, sodass das Sekundärrecht einerseits über das Europäisches Parlament und andererseits über nationale Parlamente und Regierungen doppelt demokratisch legitimiert ist.[184] Dieses Zusammenwirken von weitgehend gleichberechtigten Akteuren aus den Mitgliedstaaten, die jeweils ihre Rechtskultur in den Diskurs und Entscheidungsprozess der europäischen Institutionen einbringen, gewährleistet regelmäßig Lösungen, in denen Rechtsgedanken der verschiedenen Mitgliedstaaten einander durchdringen und sich miteinander verbinden. Besonders deutlich ist dies beim EuGH zu sehen.

Die gegenseitige Durchdringung der europäischen und nationalen Rechtsebenen wird schließlich durch das – begrenzte und insoweit unbestrittene – Vorrangprinzip selbst begünstigt, das regelmäßig der gemeinsamen Norm vorrangig Wirkung verleiht. Die Anerkennung des Vorrangs ist das Ergebnis eines permanenten Dialogs zwischen europäischen und nationalen Gerichten im Vorlageverfahren nach Art. 234 EG, unter Beteiligung letztlich auch der Bürgerinnen und Bürger, die diesen Dialog durch Gerichtsverfahren auf nationaler Ebene erst ermöglichen, über Art. 101 Abs. 1 S. 2 GG ggf. auch erzwingen und damit als Katalysator wirken.[185]

Angesichts dieser vielfältigen Verschränkungen und Verbindungen zwischen europäischer und nationalen Verfassungen kann von Pluralismus der Rechtsordnungen allerdings nur formal gesprochen werden, inhaltlich gibt es ihn lediglich in sehr begrenztem Umfang. Denn der Unterschiedlichkeit der Rechtsordnungen und damit der Verfassungsautonomie auf nationaler und auch auf europäischer Ebene sind nach dem Unionsvertrag und den nationalen Verfassungen erhebliche Grenzen gesetzt: Homogenitätsklauseln auf beiden Ebenen sorgen für einen festen rechtlichen Zusammenhalt. So legt Art. 6 EU die Grundlagen der Union fest. Art. 7 EU sieht für den Fall der Verletzung dieser Grundlagen ein Sanktionssystem vor. Im Bereich der ersten Säule ergibt sich Ähnliches auch aus Art. 10 EG. Das dort verankerte Prinzip der loyalen Zusammenarbeit wird vom EuGH häufig in seiner Rechtsprechung herangezogen.[186] Entsprechend legen die

---

183 *G.C. Rodríguez Iglesias*, Komponenten der richterlichen Gewalt (Fn. 1), S. 1889; s. auch mit praktischen Beispielen *V. Lipp*, Europäische Justizreform, NJW 2001, 2657 (2660), s. zu dieser Frage oben, S. 22.

184 Vgl. zum Gleichrang dieser Legislativorgane auch *J. Bast*, Handlungsformen, in: A. v. Bogdandy, Europäisches Verfassungsrecht, 2003, S. 480 (503 ff.)

185 Vgl. dazu oben bei Fn. 109.

186 EuGHE 1989, 2965, Rn. 23 – *Kommission/Griechenland*; EuGHE 1999,

Integrations- oder Struktursicherungsklauseln der nationalen Verfassungen, wie etwa Art. 23 GG, verfassungsrechtliche Grundbedingungen für die Öffnung der nationalen Verfassungen zu Europa fest.[187] All diese Klauseln sichern die Stabilität der gemeinsamen Werteordnung, zu der auch die Achtung der Vielfalt gehört, wie sie die Identitätsklausel des Art. 6 III EU und auch das Subsidiaritätsprinzip des Art. 5 EG gewährleisten. Der Vertrag über eine Verfassung für Europa geht mit der ausführlicheren Identitätssicherungsklausel des Art. I-5 I VVE insofern noch weit über das heute geltende Recht hinaus.

Grundlage und Rechtfertigung dieser Sicherungen und Bindungen ist der gemeinsame Ursprung beider Rechtsebenen im Willen der durch das europäische Recht miteinander verbundenen Bürgerinnen und Bürger der Mitgliedstaaten. Verstehen sich nationale Verfassungsgerichte und Europäische Gerichte als Hüter des Rechts im ihnen jeweils anvertrauten Zuständigkeitsbereich und nicht als eifersüchtige Gegenspieler, so sind Rücksichtnahme und Kooperation Selbstverständlichkeiten im Dienste der die Europäische Union insgesamt legitimierenden Menschen. Tragende Elemente des europäischen Rechts- und Gerichtssystems sind dann auf der einen Seite das vom EuGH durchgesetzte Vorrangprinzip für das europäische Recht, auf der anderen Seite die Wachsamkeit und Wächter- rolle der nationalen Verfassungsgerichte zur Wahrung der gemeinsamen Grundrechte und Prinzipien sowie der Grenzen der der Union übertra- genen Kompetenzen. In ihrem Zusammenwirken erst findet nicht nur der Einzelne sein Recht, sondern die Europäische Verfassung ihre volle Wirksamkeit: als zusammengesetzte Ordnung, in der sich nationales und supranationales Verfassungsrecht verbinden.

3. Konsequenzen für das Verhältnis der mitgliedstaatlichen Gerichte zum EuGH

Die Schlussfolgerung aus den vorstehenden Ausführungen mag provo- kant anmuten: Das „ungeregelte" Verhältnis[188] zwischen nationalen und

---

I-4883 Rn. 9 – *Amélia Nunes*: „Enthält eine gemeinschaftsrechtliche Regelung keine besondere Vorschrift, die für den Fall eines Verstoßes gegen die Regelung eine Sanktion vorsieht, oder verweist sie insoweit auf die nationalen Rechts- und Verwaltungsvorschriften, so sind die Mitgliedstaaten nach Artikel 5 EG-Vertrag (jetzt Artikel 10 EG) verpflichtet, alle geeigneten Maßnahmen zu treffen, um die Reichweite und Wirksamkeit des Gemeinschaftsrechts zu gewährleisten".

187 Hierzu näher *I. Pernice*, in: Dreier, Grundgesetz Kommentar, Bd. II, 2. Aufl. 2006, Art. 23 Rn. 8 ff.; *C. Grabenwarter*, Unionsverfassungsrecht (Fn. 44), S. 301 ff.

188 *A. v. Bogdandy*, Prinzipienlehre (Fn. 53), S. 193.

europäischen Gerichten entpuppt sich als neuartiger typusprägender Regelkomplex von großer Bedeutung und Dynamik, der durchaus klar erkennbaren Linien folgt: Im europäischen Verfassungsverbund erfasst das System der „checks and balances" zur Sicherung der Freiheiten und Rechte der Bürgerinnen und Bürger auch die Gerichte der europäischen und nationalen Ebene. Sie sind zum einen jeweils auf ihrer Handlungsebene allein zuständig für den Schutz der sie konstituierenden Verfassung: Die nationalen (Verfassungs-)Gerichte also heben nationale Rechtsakte auf oder interpretieren sie verfassungskonform. Der EuGH ist seinerseits ausschließlich zuständig für die Kontrolle der Verfassungsmäßigkeit und ggf. Aufhebung der europäischen Rechtsakte sowie letztlich für deren Auslegung. Mit anderen Worten: Jedes Gericht entscheidet allein über die Verfassungsmäßigkeit und Auslegung der Rechtsakte auf seiner Ebene.[189]

Diesem *Trennungsprinzip* steht hinsichtlich der Zuständigkeiten im Gerichtssystem insgesamt und der Rechtsschutzfunktion für den Einzelnen das gegenüber, was man das *Einheitsprinzip* nennen könnte. So wie der EuGH Teil des nationalen Rechtsschutzsystems, also gesetzlicher Richter etwa im Sinne des Art. 101 Abs. 1 S. 2 GG ist, so sind auch die nationalen Gerichte ihrerseits wesentlicher Teil des europäischen Rechtsschutzsystems. Außer im Fall der Direktklagen gegen europäische Rechtsakte sind sie, wie ausgeführt, zuständig für die effektive Anwendung und Durchsetzung des europäischen Rechts. Dieses gilt etwa in Deutschland als Bestandteil von „Gesetz und Recht" im Sinne des Art. 20 Abs. 3 GG, im Konfliktfall auch mit Vorrang gegenüber entgegenstehendem innerstaatlichem Recht. Nach ihrem Strukturkonzept könnte die Europäischen Union ohne die loyale Anwendung und Durchsetzung des europäischen Rechts durch die innerstaatlichen Gerichte in ihrer Rolle als „europäische Gerichte", die insbesondere zugunsten des Einzelnen ggf. auch gegen den Willen des nationalen Gesetzgebers agieren, nicht funktionieren.

Der Gewährleistung der Einheitlichkeit der Rechtsanwendung und damit auch der Wahrung der Gleichheit aller Betroffenen vor dem europäischen Gesetz dient dabei nach Art. 234 EG die Zuständigkeit des EuGH zur Entscheidung über alle Zweifelsfragen zur Gültigkeit oder Auslegung im Vorlageverfahren. Diese Vorschrift ist das Scharnier zwischen beiden Rechtsebenen und gewährleistet effektiven Grundrechtsschutz für den einzelnen auch gegenüber europäischen Rechtsakten.[190]

---

189 Vgl. *G. C. Rodríguez Iglesias,* Komponenten der richterlichen Gewalt (Fn. 1), S. 1890.

190 Ähnl. *F. C. Mayer,* The European Constitution and the Courts (Fn. 1), S. 284 ff. mit einer Bestandsaufnahme der Vorlagepraxis oberster Gerichte.

Der Verbund beider Rechtsebenen impliziert eine Mitverantwortlich-
keit aller Gerichte für das Funktionieren des Systems insgesamt und den
Respekt der gemeinsamen grundlegenden Werte. Die Prüfungskompetenz
der innerstaatlichen Gerichte hinsichtlich der Vereinbarkeit europäischen
Rechts mit den europäischen Grundrechten, Verfassungsprinzipien und
Kompetenzbestimmungen, die ggf. zu Gültigkeitsfragen an den EuGH nach
Art. 234 EG führen muss, bekräftigt ihre fundamentale Mitverantwortung
für das, was auch Art. 6 Abs. 2 EU den europäischen Organen zur Pflicht
macht: den Respekt der Grundrechte. Daneben steht – wie das Beispiel der
Solange-Rechtsprechung als Anstoß für eine bewusste Grundrechtsjudikatur
des EuGH zeigt – die Wächterfunktion der nationalen Gerichte auch im
Blick auf Art. 6 Abs. 1 EU, der beide Ebenen auf gemeinsame Werte und
Prinzipien, verpflichtet und umgekehrt zusammen mit dem politischen
Sanktionssystem des Art. 7 EU auch eine europäische „Aufsicht" über die
Mitgliedstaaten vorsieht. Das im Blick auf die Struktursicherungsklausel
des Art. 23 Abs. 1 S. 2 GG und entsprechende Vorgaben im Verfas-
sungsrecht anderer Mitgliedstaaten auch vom Prinzip der Gewaltenteilung
geprägte System der gegenseitigen Kontrolle und Verfassungsstabilisie-
rung,[191] erhält nicht nur die Union als demokratisch verfasstes Mehre-
benensystem funktionsfähig, sondern kommt vor allem dem Schutz der
Rechte der einzelnen zugute. Dieser Rechtsschutz wird zur europäischen
Verbundaufgabe[192] Die Letztentscheidungskompetenz auf eine einzige
Stelle zu konzentrieren wäre diesem kooperativen System abträglich.[193]

Wenn nationale Verfassungsgerichte ihren grundsätzlichen Kontrollvor-
behalt im Sinne eines „Notrechts" im Falle der evidenten und generellen
Missachtung der Grundrechte bzw. der Grenzen der europäischen Zuständigkeit aktivieren können,[194] ist das nach allem nicht als Bedrohung
sondern als Garantie für den Bestand des Gesamtsystems zu betrachten,
das auf freiwilliger Rechtstreue und gegenseitiger Rücksichtnahme beruht.

---

191 S. schon *I. Pernice*, Bestandssicherung (Fn. 2), S. 261 ff.; ähnl. *A. v.
Bogdandy/M. Nettesheim*, Die Europäische Union: Ein einheitlicher Verband mit
eigener Rechtsordnung, Europarecht 1996, S. 1 ff.; *C. Grabenwarter*, Unionsverfassungsrecht (Fn. 44), S. 336.

192 Zum Begriff am Beispiel des Vergaberechts *P. Steinberg*, Vergaberechtliche
Steuerung als Verbundaufgabe, 2005. Die dritte Gewalt in der EU als „Verbund
der innerstaatlichen Gerichte mit dem EuGH" vgl. auch schon *I. Pernice*, Die
Dritte Gewalt (Fn. 2), S. 36 f.

193 *M. P. Maduro*, Europe and the Constitution, (Fn. 154), S. 98.; *A. Peters*,
Elemente (Fn. 23), S. 325 hält den Konflikt für nicht durch eine Regel von oben
auflösbar, weil über der Konfliktebene keine weitere Entscheidungsinstanz existiere.

194 S. näher *I. Pernice*, in: Dreier, Grundgesetz, 2. Aufl. 2006, Bd. II, Art.
23 Rn. 30 mwN.

Der Respekt vor der nationalen Identität der Mitgliedstaaten, wie ihn Art.
6 Abs. 3 EU von der Union fordert und die nach Art. I-5 Abs. 1 VVE
in deren „grundlegender verfassungsrechtlicher Struktur einschließlich der
regionalen und kommunalen Selbstverwaltung zum Ausdruck kommt",
ist dabei das *pendant* zur Loyalitäts- und Kooperationspflicht nach Art.
10 EG, die Art. I-5 Abs. 2 VVE als gegenseitige Verpflichtung von
EU und Mitgliedstaaten artikuliert; sie ist aber zugleich und vor allem
Gegenpol und Grenze zum Vorrangprinzip, wie es künftig in Art. I-6
VVE eine ausdrückliche Verankerung finden soll.[195] Der EuGH muss
dies berücksichtigen,[196] die nationalen Verfassungsgerichte können sich
notfalls darauf berufen. Dass sie dabei nicht aufgrund eigener, sondern
europäischer Zuständigkeit handeln – „as agents of a joint common Eu-
ropean constitutional tradition"[197] –, mag einen Schritt zu weit gehen. Sie
handeln insoweit aber gleichwohl europäisch, wenn es um den effektiven
Schutz der Grundwerte des Art. 6 I EU bzw. der damit in Einklang
stehenden grundlegenden nationalen Verfassungsstrukturen geht. Da nach
Art. 6 Abs. 1 und 2 EU bzw. Art. I-2 VVE die Strukturprinzipien und
Grundrechte, deren Einhaltung durch das Sekundärrecht die nationalen
Verfassungsgerichte weiter überprüfen, zugleich gemeinsame Werte des
Unionsrechts sind, dient diese Wachsamkeit und Mitverantwortung der
innerstaatlichen Verfassungsgerichte zugleich dem Schutz der einheitlichen
Anwendung des Europarechts[198] und damit der Stabilität und Funktions-
fähigkeit des europäischen Verfassungsverbundes.

---

195 S. zur Bedeutung der Identitätsschutzklausel des Art. 6 Abs. 3 EU
bereits *F. C. Mayer*, Kompetenzüberschreitung (Fn. 1), S. 343; *ders.*, Europäische
Verfassungsgerichtsbarkeit (Fn. 1), S. 258 f.; *ders.*, Europarecht als französisches
Verfassungsrecht, EuR 2004, S. 925 (936), mit Hinweis auf die Entscheidungen des
französischen Conseil constitutionnel und des spanischen Verfassungsgerichtshofs
zum Verfassungsvertrag, s. dazu oben S. 35 f.

196 Vgl. *A. Peters*, Elemente (Fn. 23), S. 325, die vom EuGH eine nationalver-
fassungskonforme Auslegung des Gemeinschaftsrechts fordert. Dies wird auch schon
in BVerfGE 37, 271 (279) – *Solange I* vom Bundesverfassungsgericht thematisiert:
„Die Bindung der Bundesrepublik Deutschland (und aller Mitgliedstaaten) durch
den Vertrag ist nach Sinn und Zweck der Verträge nicht einseitig, sondern bindet
auch die durch sie geschaffene Gemeinschaft, das ihre zu tun, um den hier unter-
stellten Konflikt zu lösen, also nach einer Regelung zu suchen, die sich mit einem
zwingenden Gebot des Verfassungsrechts der Bundesrepublik Deutschland verträgt."

197 So *M. Kumm*, Jurisprudence (Fn. 154), S. 302 ff., 304; ähnl. *F.C. Mayer*,
Europarecht (Fn. 132), S. 935 f., im Blick auf das Urteil des französichen Verfas-
sungsrats vom 19.11.2004 (s. oben bei Fn. 132); krit. *T. Schilling*, Jurisprudence
(Fn. 157), S. 192 f.

198 Vgl. *M. P. Maduro*, Contrapunctual Law (Fn. 155), S. 510.

www.ingramcontent.com/pod-product-compliance
Lightning Source LLC
Chambersburg PA
CBHW050653190326
41458CB00008B/2547